Talento y empresa digital. ADGD336PO

Almudena Carmona Ruiz

Talento y empresa digital. ADGD336PO
© Almudena Carmona Ruiz

1ª Edición

© IC Editorial, 2024

Editado por: IC Editorial
c/ Cueva de Viera, 2, Local 3
Centro Negocios CADI
29200 Antequera (Málaga)
Teléfono: 952 70 60 04
Fax: 952 84 55 03
Correo electrónico: iceditorial@iceditorial.com
Internet: www.iceditorial.com

ISBN: 978-84-1184-476-5
Depósito Legal: MA 2656-2024

Impresión: PODiPrint
Impreso en Andalucía – España

Nota de la editorial: IC Editorial pertenece a Innovación y Cualificación S. L.

Especialidad formativa

Se entiende por especialidad formativa la agrupación de contenidos, competencias profesionales y especificaciones técnicas que responde a un conjunto de actividades de trabajo enmarcadas en una fase del proceso de producción y con funciones afines.

Las especialidades formativas de Uso General, Formación Complementaria, Formación Modular y las especialidades formativas dirigidas a la obtención de certificados de profesionalidad se incluyen en el Fichero de Especialidades del Servicio Público de Empleo Estatal para su gestión en todo el territorio nacional por cualquier Administración competente.

Las especialidades complementarias, pertenecen todas a la Familia profesional de Formación Complementaria (FCO) y tienen la consideración de formación transversal en áreas que se consideran prioritarias tanto en el marco de la Estrategia Europea para el Empleo y del Sistema Nacional de Empleo como en las directrices establecidas por la Unión Europea. Se consideran áreas prioritarias las relativas a tecnologías de la información y la comunicación, la prevención de riesgos laborales, la sensibilización en medio ambiente, la promoción de la igualdad, la orientación profesional y aquellas otras que se establezcan por la Administración competente.

Las especialidades de Certificado de profesionalidad tienen una duración especificada en su normativa reguladora.

En el resultado de la búsqueda, se muestran las unidades de competencia, todos los módulos formativos con su duración y las unidades formativas del certificado correspondiente, con su duración. Las horas del certificado, exclusivo de las especialidades de certificado de profesionalidad, con alta igual o superior a 2008, son las horas totales más las horas del módulo de Prácticas Profesionales no Laborales.

➲ **Si la especialidad tiene unidades formativas,** las horas totales, presencial, distancia, teleformación serán igual a la suma de esas horas de las unidades formativas de los distintos módulos, sin que se repita ninguna Unidad formativa.

⮩ **Si la especialidad no tiene unidades formativas,** las horas totales, presencial, distancia, teleformación serán igual a las sumas de esas horas de los módulos formativos, eliminando las horas de los módulos repetidos.

https://sede.sepe.gob.es/especialidadesformativas/RXBuscadorEFRED/BusquedaEspecialidades.do

(Fuente: Servicio Público de Empleo Estatal)

Índice

OBJETIVOS GENERALES

Los objetivos generales del **ADGD336PO. Talento y empresa digital** son los siguientes:

- ➲ Definir la estrategia para convertirse en empresa digital, innovando en productos y servicios digitales estableciendo una campaña de *inbound marketing*.
- ➲ Analizar un CRM *(Customer Relationship Management)*.
- ➲ Estudiar el *inbound marketing*.

Unidad de Aprendizaje 1

CRM

Contenido

Objetivos

El objetivo general de esta Unidad de Aprendizaje es:

→ Analizar un CRM *(Customer Relationship Management)*.

Los objetivos específicos de esta Unidad de Aprendizaje son:

→ Identificar las fases del proceso de un CRM.

→ Analizar los beneficios y ventajas de contar con un CRM.

→ Estudiar cómo es la implementación de un CRM.

→ Determinar si se está preparado para tener un CRM.

→ Identificar los errores más frecuentes.

→ Conocer CRM para solucionar problemas de la empresa.

1. Introducción

En un entorno empresarial cada vez más globalizado, donde la presencia de las nuevas tecnologías adquiere una importancia cada vez mayor, contar con herramientas o sistemas que permitan mejorar el crecimiento del negocio y desarrollar una estrategia comercial adaptada a las necesidades de los clientes, se hace imprescindible.

Las herramientas o *softwares* informáticos que se pueden aplicar dependerán del tipo de negocio o estrategia empresarial a seguir, pero de forma genérica, los objetivos que persigue cualquier entidad se basan en maximizar la productividad, reducir costes y mejorar los beneficios. Para ello, se hace imprescindible contar con medios adecuados para organizar los recursos de la forma más eficiente posible, ante esto, surge la necesidad de contar con un sistema CRM.

Muchas empresas u organizaciones no les dan importancia a las relaciones con el cliente, y eso es una práctica errónea, ya que el conjunto de las prácticas y estrategias comerciales deben desarrollarse teniendo en cuenta siempre al cliente.

Durante el desarrollo de esta unidad nos centraremos en conocer y analizar un CRM, viendo, para ello, cómo se puede implementar en una empresa o qué beneficios aporta para una organización.

Para ello, nos centraremos en el caso de Inmoal S. L., una inmobiliaria que necesita encontrar un *software* que le permita organizar y simplificar las gestiones con los clientes, su seguimiento y, a la vez, mejorar su estrategia de *marketing*.

2. Introducción al CRM

 **HILO CONDUCTOR**

La empresa Inmoal S. L. tiene constancia de que mantener una buena relación con los clientes es fundamental para logar ser competitivos en su sector y aumentar sus ventas, por ello, necesita contar con una herramienta que le permita gestionar sus contactos con los clientes, sabiendo, en todo momento, lo que necesita o se espera de los mismos.

CRM son las siglas de *Customer Relationship Management,* que hacen referencia a la gestión de las relaciones con los clientes. No se trata solo de una mera herramienta informática donde gestionar las ventas, ya que lo que trata es de enfocarse en el cliente, es decir, elaborar estrategias de *marketing* siempre contando con el cliente.

Contar con un CRM permite que cualquier tipo de empresa pueda estar interrelacionada con los clientes de forma fácil, lo que ayudará en lo siguiente:

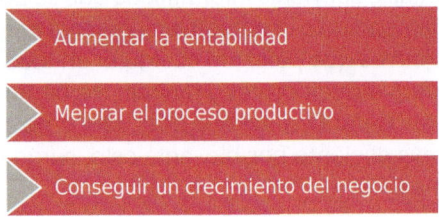

Aumentar la rentabilidad

Mejorar el proceso productivo

Conseguir un crecimiento del negocio

Este sistema es más que una simple herramienta informática o *software,* su objetivo es que todo tipo de empresas, grandes y pequeñas, puedan gestionar sus relaciones con los clientes y que su administración conlleve a unas interacciones con ellos, que permita anticiparse a sus necesidades o gustos, lo que termina en un aumento de las ventas y en una mejora de los beneficios, realizando campañas dirigidas a cubrir las necesidades existentes.

El CRM se basa en una gestión donde se deben coordinar el sistema de ventas, el proyecto de marketing empresarial y el punto de atención al cliente.

2.1. Cómo relacionarse con los clientes mediante un CRM

Las relaciones con los clientes no paran de evolucionar debido a la era de las nuevas tecnologías y la transformación digital, dando lugar a que la experiencia del cliente sea algo importantísimo para la buena evolución del negocio y todo ello se puede gestionar contando la implantación de un

CRM. Más que una plataforma, programa o *software* informático, debe ser una herramienta o estrategia donde todo gire en torno al cliente.

Contar con un CRM en la empresa, permite a la organización:

Almacenar información
- Tener un CRM permite guardar y recopilar la información necesaria sobre los clientes de la organización, permitiendo, a la vez, captar nuevos clientes potenciales. Gracias a esta herramienta, además de conocer información personal sobre ellos, como su nombre, dirección, forma de contacto, también se conocen sus actividades y preferencias.

Mejorar la gestión
- Un CRM permite tener ordenada la información y la gestión que se realiza con los clientes, ya que, además de disponer de los datos de los clientes reales y potenciales de la empresa, se puede llevar un control de los contactos que se han tenido con ellos, si se ha realizado alguna visita o llamada telefónica y qué ha sido lo que se ha tratado con ellos, además de ver si se ha realizado intercambio de información, por ejemplo, vía correo electrónico.
- No se trata solo de una lista mediante la cual se puede contactar con el cliente, sino que es mucho más, ya que se puede dejar reflejado su historial de compras, estableciendo sus preferencias y obteniendo información para poder dirigirse a ellos y ofrecerles nuevos productos.

Es por ello por lo que contar con un *software* CRM permite que las empresas puedan registrar y conservar la información necesaria sobre sus clientes, permitiendo realizar un seguimiento de los contactos que tienen con ellos y la relación comercial. Por ello, es una aplicación que engloba el sistema de ventas, *marketing* y la atención al cliente.

IMPORTANTE

Contar con un CRM permite mejorar la relación con los clientes actuales de la empresa, encontrar nuevos y atraer, de nuevo, a clientes anteriores.

Un CRM, no solo supone gestionar las relaciones de la empresa con los clientes, sino que es una herramienta que puede adaptarse a diferentes sectores de la empresa para optimizar su gestión.

Un CRM también se usa para gestionar diferentes relaciones con otras empresas, ya que lo que se gestiona en este sistema no solo es información sobre los clientes, sino que se muestran las oportunidades de venta, entre otros muchos datos.

En concreto, una empresa puede tener diferentes **motivos** para querer implantar un CRM:

- **Herramienta de seguimiento.** Mediante un CRM se lleva a cabo un registro y posterior seguimiento de las tomas de contacto que se han tenido con los clientes, anotando todo lo ocurrido, desde el envío de correos electrónicos, conversaciones telefónicas mantenidas o reuniones físicas.
- **Detectar oportunidades.** Es posible realizar un seguimiento de lo que han pedido los clientes, detectando nuevas oportunidades de venta.
- **Gestionar a los clientes.** Se pueden examinar los datos que se recaban del cliente, estableciendo así sus necesidades, gustos y preferencias pudiendo personalizar la atención que se les presta.
- **Gestionar información.** Se podrá analizar cómo se relacionan los clientes con la empresa, así como crear campañas de *marketing* más eficientes.

En definitiva, un CRM es un *software* donde se anota información sobre los clientes, como, por ejemplo, sus datos de contacto (nombre, dirección, teléfono, correo electrónico, perfil de redes sociales, etc.).

NOTA

En el CRM es posible introducir información sobre cuáles son las preferencias de un cliente en relación con el canal de comunicación.

El CRM se pone en práctica con la utilización de un *software* que permita recabar, organizar y gestionar la información que se dispone del cliente, proporcionando un registro de la relación entre los individuos y la empresa a lo largo del tiempo.

No obstante, un CRM no es solo una mera lista de contactos, lo que pretende es tener información sobre los historiales de compras y las preferencias de los clientes. En concreto el CRM:

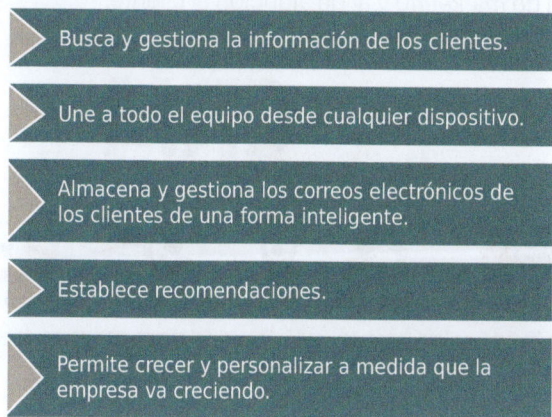

> Busca y gestiona la información de los clientes.

> Une a todo el equipo desde cualquier dispositivo.

> Almacena y gestiona los correos electrónicos de los clientes de una forma inteligente.

> Establece recomendaciones.

> Permite crecer y personalizar a medida que la empresa va creciendo.

ACTIVIDAD COMPLEMENTARIA

1. Busca información en fuentes externas y analizar porque puede ser importante que las empresas cuenten con un CRM y qué beneficios puede aportar.

3. Fases del proceso de un CRM

☞ HILO CONDUCTOR

La empresa Inmoal S. L. tiene claro que contar con un sistema que le permita gestionar adecuadamente sus relaciones con los clientes es fundamental para su buen funcionamiento, por lo que va a adquirir un CRM, pero necesita conocer cómo es el proceso de este sistema y qué fases lo componen.

Tener clientes contentos es importante para cualquier empresa, por ello es esencial gestionar adecuadamente las relaciones que se tienen con ellos, gracias al CRM se puede conseguir este objetivo. Este es un proceso individual, es decir, cada cliente es independiente y único y se realiza un seguimiento personalizado que engloba tanto la gestión al departamento de venta, al de *marketing* y al de atención al cliente.

CUSTOMER LOYALTY   SERVICE   SALE   MARKETING   COMMUNICATION   DATABASE

Es fundamental realizar un seguimiento individual del cliente, esto se puede hacer con la información guardada y gestionada por el CRM.

Para implementar correctamente un CRM es necesario conocer este proceso o las fases que lo conllevan. Cada una será diferente y dependerá del punto en el que se encuentre la relación entre el cliente y la empresa.

IMPORTANTE

Las fases del CRM dependerán del ciclo de vida del producto o servicio que la empresa comercialice, ya que la relación con el cliente variará en función de en qué etapa del ciclo se encuentre.

Conocer las características de cada fase del CRM ayuda a la empresa a conocer al cliente, de forma que consiga cubrir sus necesidades y fidelizarlo, por lo que es importante delimitar las diferentes fases e incluirlas dentro de la estrategia empresarial y de *marketing* que se desarrolle en la entidad. En concreto, las **fases** de un CRM son:

- **Planificar:** esta fase busca definir las necesidades de la empresa con respecto a los clientes, es decir, qué tipo de clientes son los que se ajustan a su producto o servicio. Una vez establecido esto, se determinan los objetivos comerciales.
- **Implementar:** esta fase hace referencia al instante en el que se adquiere y se instala el *software* de gestión CRM. Para que sea un éxito, es necesario definir los procesos de trabajo e integrar este sistema dentro de la organización.
- **Funcionar:** esta fase se refiere a la utilización del CRM de forma diaria. Para ello, será esencial dotar de formación a los empleados, así como contar con un soporte técnico adecuado que permita ayudar cuando ocurra alguna dificultad.
- **Utilizar:** cuando ya se está trabajando con el CRM, de forma paralela, se puede aprovechar o utilizar en otras competencias más desarrolladas, como, por ejemplo, en el análisis de datos acerca de los clientes, automatizar las ventas, segmentar las ventas, etc.
- **Mantener:** es importante mantener actualizado el CRM, ya que se debe adaptar a los cambios que se puedan producir, tanto en cuestiones de gestión como de seguridad.
- **Revisar:** por último, pero no menos importante, sería revisar periódicamente el CRM, tanto su funcionamiento, como el uso que le hacen los empleados encargados de utilizarlo.

TAREA 1

Agustín es el dueño de una empresa dedicada a la fabricación y venta al por mayor de camisas. Ha implantado un CRM en su empresa y tiene que formar al departamento comercial para que sepan utilizar este programa. ¿En qué fase del proceso de un CRM se encuentra esta acción?

3.1. Proceso de un CRM

Una vez vistas y analizadas las fases del CRM, es fundamental conocer las **etapas** por las que pasa un proceso CRM:

Etapa 1. Conocimiento

En esta etapa se busca que el cliente conozca los productos o servicios de la empresa y los vea como los que mejor se adaptan a sus necesidades.

Etapa 2. Incremento

En esta etapa se busca ampliar la necesidad del cliente mediante la satisfacción con el producto inicial.

Etapa 3. Retención

En esta etapa se pretende fidelizar al cliente destacando el valor de la marca y premiando a aquellos clientes que tengan más lealtad con ella.

👁 EJEMPLO

Estas etapas son cíclicas, ya que dependerán del momento en el que se encuentre el cliente, como, por ejemplo, si ya había comprado algo y acude de nuevo a la empresa a comprar un nuevo producto, podrá encontrarse en la etapa 3, pero si adquiere un nuevo producto que no tiene nada que ver con su anterior compra, comenzaría con la fase 1 y seguiría pasando por el resto de fases hasta completar el ciclo. Si esto ocurre, es que el sistema funciona correctamente y el cliente vuelve a la empresa para consumir nuevos productos o servicios.

Para entender mejor cómo funciona este ciclo, vamos a adentrarnos en cada etapa.

Conocimiento

En la primera etapa denominada conocimiento, es donde comienza el ciclo, siendo el punto de partida para crear una base de datos, por lo que se hace necesario contar con un CRM que permita almacenar toda la información sobre el cliente.

NOTA

La función primordial del CRM es ser el epicentro de la gestión de los datos de los clientes.

Contar con un software CRM permite saber qué está pasando en cada fase del proceso de venta de forma individual de cada cliente, lo que permite saber cómo actuar y seguir adelante con la oferta comercial.

Incremento

Una vez que ya se cuenta con el conocimiento e información necesaria, será posible mejorar las ventas. Esta etapa permite ofrecerle al cliente productos o servicios secundarios o adicionales al artículo inicial, de forma que, además de adquirir el producto que necesitaba, amplíe su compra con otros productos secundarios.

Para conseguir esto, es necesario que el CRM disponga de una buena administración de las cuentas de los clientes y establecer qué tipo de **estrategia de venta** se puede llevar a cabo, entre las que destacan:

Up selling
Es una estrategia de venta que parte de la idea de hacerle ver al cliente que necesita una nueva versión del producto o servicio que quiere comprar, pero con accesorios más avanzados o con más prestaciones. Para ello, es necesario conocer las necesidades y gustos del cliente, de forma que se entable una relación de confianza y sea posible hacerle recomendaciones sobre el producto o servicio.

Cross selling
Es una estrategia de venta que se centra en ofrecer productos o servicios, secundarios o complementarios, del producto o servicio inicial, para ello, es necesario conocer qué puede ser de interés al cliente.

Estos tipos de estrategias buscan aumentar las ventas de la organización, pero con enfoques y resultados diferentes.

 ## APLICACIÓN PRÁCTICA

Eduardo acaba de comprar en una agencia de viajes un paquete de vacaciones a Irlanda para toda su familia. El agente le sugiere que añada a su compra un seguro de viaje por si hay alguna cancelación de última hora y, además, le ofrece realizar un *tour* donde podrá disfrutar de los lugares más encantadores de la ciudad. ¿Qué tipo de estrategia se está aplicando en esta venta?

Solución

Se está aplicando el *cross selling,* pues se están ofreciendo servicios adicionales a la compra inicial.

Retención

En esta última etapa, lo que se busca es retener al cliente, mediante la aplicación del CRM ya que se pueden conocer las tendencias en el consumo del cliente y determinar sus preferencias. De manera que se busca afianzar la relación con el cliente y desarrollar una estrategia de fidelización acorde a sus preferencias.

⊙ EJEMPLO

Teniendo en cuenta el historial de compras del cliente, se puede premiar con descuentos o incentivos a aquellos que más compren o consuman el producto o servicio.

En esta fase entra en juego *software* de *marketing* relacional, donde se busca personalizar las ventas para cada cliente. Normalmente, lo que se ofrece al cliente son descuentos, campañas de precios especiales, incorporarlos a un listado de clientes con ventajas sobre las compras, etc., lo que incrementa la satisfacción y confianza del consumidor.

3.2. Maximizar las fases del CRM

Implantar un CRM es una decisión importante para una empresa que desea incrementar su rentabilidad y mejorar las relaciones con los clientes. Este *software,* utilizado de forma correcta, permitirá a la organización obtener mayores beneficios, por lo que es importante centrarse en maximizar y potenciar las fases del CRM, para así, potenciar todas las funciones que el sistema ofrece.

Maximizar y sacar provecho del CRM permite a la empresa:

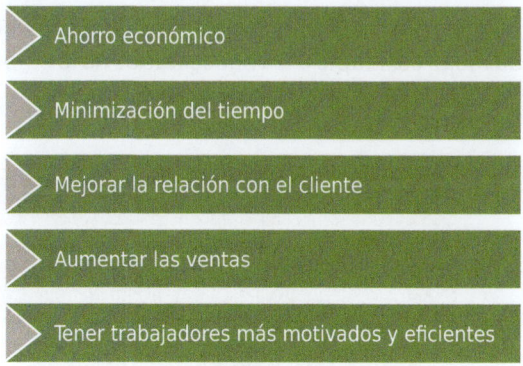

- Ahorro económico
- Minimización del tiempo
- Mejorar la relación con el cliente
- Aumentar las ventas
- Tener trabajadores más motivados y eficientes

Ahora veremos cómo poder maximizar y sacar el mayor rendimiento a las fases del CRM.

Determinar los objetivos

Para sacar el mayor rendimiento al CRM es de vital importancia que la empresa tenga claros cuáles son sus objetivos o prioridades con el *software*. Para optimizar esto, se debe preguntar a los diferentes departamentos que van a estar implicados en el CRM, para que, entre todos, determinen qué aspectos son los importantes y cómo el CRM puede ayudar a alcanzar los objetivos propuestos. Cada empresa tendrá un motivo por el que quiera contar con un CRM, dependiendo de su situación, intereses o necesidades. La motivación puede ir más allá del incremento de las ventas y puede centrarse en lo siguiente:

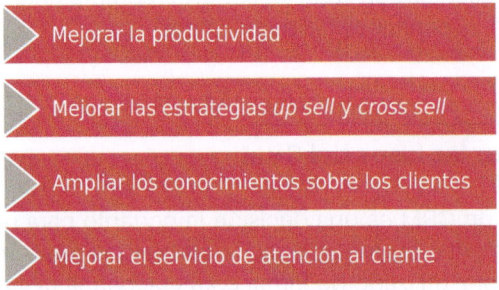

Tener claros los objetivos, ayuda a que la estrategia a seguir se consolide y la implantación del CRM se base en las funciones necesarias.

Adquirir el CRM adecuado

Una vez definidos los objetivos, habrá que seleccionar el *software* o herramienta que mejor se adapte a las necesidades de la empresa, analizando las siguientes cuestiones que se deben tener en cuenta:

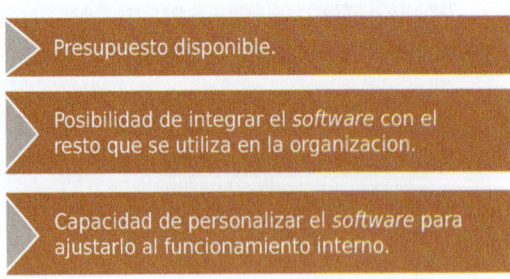

Para que el CRM sea efectivo no basta solo con tener información del cliente, sino que es necesario conocer el sector en el que se mueve la empresa y las propias características de la organización.

Formar a los trabajadores

Será esencial dar al equipo de trabajo la capacitación necesaria para saber manejar el CRM. Para ello, no es suficiente con conocer las fases o el ciclo de vida del CRM, sino que las personas que trabajen a diario con esta herramienta necesitarán conocer:

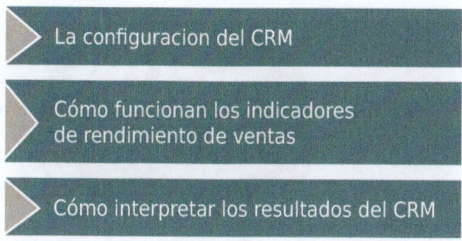

> La configuracion del CRM

> Cómo funcionan los indicadores de rendimiento de ventas

> Cómo interpretar los resultados del CRM

El uso que los trabajadores hacen del CRM dependerá de si la implantación de esta herramienta funciona adecuadamente y si es productiva para la empresa, ya que ellos son los que la usan a diario y son los que deben buscar la manera de sacar el máximo partido a los recursos que este *software* incluye.

Personalizar el *software*

Implantar un CRM permite a las empresas adaptar las funciones que tiene el *software* a sus necesidades, es decir, se puede personalizar este sistema para que la empresa pueda conseguir sus objetivos.

En concreto, se pueden **personalizar funciones** como:

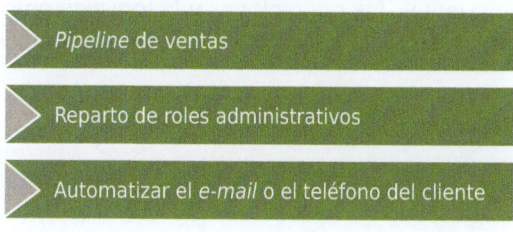

> *Pipeline* de ventas

> Reparto de roles administrativos

> Automatizar el *e-mail* o el teléfono del cliente

Continúa en página siguiente >>

<< Viene de página anterior

> Crear recordatorios

> Filtros de búsqueda

Es necesario aclarar que por *pipeline* de ventas se entienden aquellas acciones concretas que hacen los comerciales para transformar una oportunidad en un cliente.

Las empresas deben pensar que el cliente siempre es lo primero, ya que sin él no se podrá comercializar el producto o servicio que ofrecen.

Implicar en el proceso a todos los colaboradores de la entidad

Cuando una empresa quiere implantar un *software* CRM, debe tener en cuenta que será necesario no solo comunicárselo a todos sus colaboradores, sino que debe hacerles partícipes de sus funciones para que realmente se pueda aprovechar su puesta en marcha.

Un CRM no es solo un sistema de almacenamiento de datos relativos a los clientes, sino que es una plataforma informática que debe englobarse en el sistema de cuentas, las operaciones y la logística empresarial, lo que permite agilizar y mejorar el trabajo de los empleados implicados.

4. Beneficios y ventajas

☞ **HILO CONDUCTOR**

La empresa Inmoal S. L. necesita mejorar el sistema de registro de información con los clientes, ya que han detectado que llaman con mucha frecuencia a los mismos clientes ofreciéndoles inmuebles que no están dentro de sus preferencias, lo que conlleva clientes insatisfechos que no quieren seguir teniendo relaciones con ellos. Por ello, necesita saber si adquiriendo un CRM, el departamento comercial, podrá gestionar mejor las relaciones con los clientes.

Hay que entender que un CRM no es una mera plataforma informática, sino que es una estrategia que hay que incorporar de forma global en la empresa, ya que integra tanto a las ventas, *marketing* y atención al cliente.

Un CRM parte de que el centro de todo es el cliente, pero interrelaciona las diferentes áreas del negocio para conseguir que el cliente se lleve una buena impresión.

 SABÍAS QUE...

Cada vez son más las empresas que adquieren un CRM para mejorar su gestión, en concreto, se estima que esta herramienta provoca un aumento sobre el 40 % del volumen de ventas y mejora la satisfacción de los clientes en un 50 %.

Muchas empresas no terminan de ver cómo un CRM puede ayudar a su negocio, sobre todo los autónomos o pequeñas empresas, ya que lo ven como un gasto innecesario y como una tarea que requiere de un esfuerzo adicional para sus trabajadores. Sin embargo, eso no es así, ya que contar con este tipo de *software* proporciona beneficios y hace que el negocio sea más competitivo.

Estas son las principales ventajas que conlleva utilizar un CRM, pero no son las únicas, en este apartado se analizarán los beneficios de contar con este sistema.

4.1. Aumento de la satisfacción del cliente

La principal motivación de implantar un CRM en una empresa es que permite obtener más información sobre los clientes, generando en ellos una mejora de su satisfacción. Como se suele decir, la información es poder, y en el mundo empresarial es esencial disponer de esa información, por ello, debe estar bien organizada permitiendo conocer el perfil e identificar las necesidades de los clientes, así como conocer cómo se encuentran en cualquier momento.

En definitiva, contar con un CRM mejora las relaciones con los consumidores y permite mejorar la satisfacción del cliente, mediante:

Uso de la estrategia
Es posible contar con un servicio de venta y comercial hacia el cliente de una forma más organizada y metódica.

Mejorar el servicio
El servicio de venta que se presta es mejor, ya que, teniendo a mano toda la información del cliente, se permite comprender mejor sus problemas, adelantándose a lo que necesita, minorando sus molestias y mejorando su lealtad.

Comentarios y recomendaciones
Si el cliente se encuentra satisfecho, es normal que deje buenas referencias sobre la relación con los productos o servicios adquiridos. También puede recomendar la compra a familiares, amigos y conocidos.

4.2. Mejora la calidad del servicio de atención al cliente

Muchas empresas no prestan demasiada atención al servicio posventa, piensan que, una vez finalizado el proceso de venta, se debe acabar la relación con el cliente, pero eso no es una forma de pensar que beneficie al negocio.

Contar con un buen servicio de atención al cliente es algo esencial, ya que permitirá que el cliente, cuando lo necesite, vuelva a contar con los servicios o productos de la empresa.

Mediante un CRM, el servicio de atención al cliente puede ser una tarea sencilla y ágil.

El CRM permite que la comunicación con los clientes sea más fluida, mejorando su satisfacción y aumentando la vida del cliente dentro de la organización, ya que, si se hace de forma correcta, seguirá adquiriendo productos o servicios y esto, aumentará las ventas y el valor de vida del cliente, lo que se conoce como *lifetimevalue.*

 **DEFINICIÓN**

Lifetimevalue
Término utilizado en *marketing* para establecer cuál es el valor que aporta un cliente al negocio durante toda la vida útil del mismo. Este valor se obtiene teniendo en cuenta el gasto medio del cliente, el coste de adquisición y la vida del cliente en la empresa.

4.3. Aumento en la retención del cliente

Gracias al CRM, la empresa puede tener la información perteneciente a los clientes en único lugar, de forma que puede acceder a esa información en cualquier momento. Además, esta centralización de la información permite a esta herramienta generar informes de forma sencilla y rápida que ayudan a la gestión de los clientes de forma rentable. Esto permite tener localizados a los clientes y ayudar a lo siguiente:

Llegar a los clientes potenciales
Con la información ordenada, la empresa puede identificar a los clientes potenciales que mejor se adaptan a sus productos o servicios, desde que muestran interés en ellos.

Recompensar a los clientes más destacados
Con todo el proceso de venta documentado y con la información actualizada, es posible cuidar a aquellos clientes que sean más interesantes para la empresa, mediante un sistema de recompensas o beneficios para ellos.

Todo ello hace posible la personalización del trato a los clientes, lo que permite que se sientan cómodos con la empresa y vuelvan a adquirir sus productos y servicios, lo que se traduce en mayores ventas y mayores beneficios.

Gracias a este *software,* también se puede realizar una segmentación de los clientes, puesto que conocemos mejor sus preferencias y accedemos mejor a ellos construyendo una relación sólida y duradera. De esta manera, podremos diferenciar sectores de clientes en función de sus necesidades o preferencias, estableciendo así estrategias de ventas más rentables.

4.4. Mejorar el sistema de seguimiento del cliente

Una cuestión importante, que muchas empresas pasan por alto, es realizar un seguimiento al cliente, ya que, por norma general, la venta no se consigue en la primera toma de contacto con el usuario, sino que es después de varias veces cuando el cliente se ve preparado para adquirir o consumir lo que se le ofrece. Establecer un sistema de seguimiento puede resultar tedioso para los comerciales o vendedores, situación que se corrige si la empresa tiene un CRM incorporado.

NOTA

Contar con un CRM permite a los comerciales gestionar las veces que contactan con un potencial cliente de forma más sencilla, ya que el sistema permite añadir avisos o recordatorios, cuando sea conveniente, haciendo que el vendedor vuelva a contactar con el usuario en el momento adecuado hasta cerrar la venta.

El trabajo de un sistema de ventas se sustenta en una base de datos, que debe estar bien definida y contar con la información adecuada para que las ventas crezcan, de forma que también aumente la propia base de datos. Gestionar este proceso resulta más sencillo si la empresa cuenta con un CRM.

Un programa informático CRM suele aplicar unos patrones que ya están diseñados previamente y analizan los datos de forma automatizada, aportando información válida sobre qué debe hacerse con el cliente en cada momento, es decir, se realiza un seguimiento de toda la información y de las interacciones que se tienen con el cliente a la vez.

El CRM permite automatizar la información de los clientes y agruparlos dependiendo de varios **aspectos:**

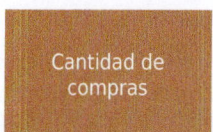

Cantidad de compras

Fechas de la compra

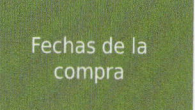

Tipos de productos o servicios adquiridos

IMPORTANTE

Gracias al *software* CRM es posible contar con una mejor visión general de los clientes y analizar, de forma completa, el ciclo de vida de los mismos, es decir, se realizará un análisis de todas las actividades que se hagan con ellos, teniendo un historial donde poder ver las veces que se ha contactado con los clientes, así como el contenido de las comunicaciones. Mediante todo esto se obtiene un mejor conocimiento del cliente y se tomarán las decisiones oportunas que beneficien el cierre de la venta.

4.5. Mejorar la productividad

Contar con un CRM permite analizar en profundidad los datos de los clientes y esto se traduce en contar con un proceso más productivo en todas las áreas que se ven relacionadas con el proceso de venta.

IMPORTANTE

Un CRM permite optimizar el proceso de venta, de forma que la empresa llega a ser más productiva y puede reducir el coste del mismo siendo más eficiente.

Un CRM bien implantado supone una oportunidad para la empresa, ya que, gracias a él, se podrá llegar a más *leads,* se cerrarán más procesos de venta y se retendrán a más clientes, lo que hará a la empresa más productiva y más rentable.

NOTA

Lead hace referencia a un cliente potencial, es decir, a aquella persona, usuario o empresa que tiene un interés en el producto o servicio que se comercializa.

Continúa en página siguiente >>

<< Viene de página anterior

Este interés puede mostrarse de diferentes formas, pero la más utilizada es mediante la cumplimentación de un formulario donde se deja constancia de que se quiere recibir información sobre el producto o servicio.

El CRM permite conocer lo que está pasando en cada momento en el proceso de negociación, desde el *marketing* hasta el punto de vista comercial, viendo en tiempo real en qué fase se encuentra el proceso de venta, conociendo qué productos o servicios se ofrecen, cuáles son los más demandados o sus presupuestos.

4.6. Aumenta los ingresos

Una de las ventajas prioritarias del CRM es que permite mejorar las ventas, lo que conlleva un aumento de los ingresos.

Gracias a que las relaciones con los clientes están mejor organizadas y controladas, se puede acortar el ciclo de venta, minimizando el tiempo en que se realiza una venta y permitiendo que las ganancias lleguen antes, dejando tiempo para realizar más ventas.

Teniendo un CRM se puede llegar a nuevos clientes de forma más eficiente, haciendo que se produzca un aumento de los ingresos.

El sistema CRM, permite potenciar el sistema ventas en dos direcciones:

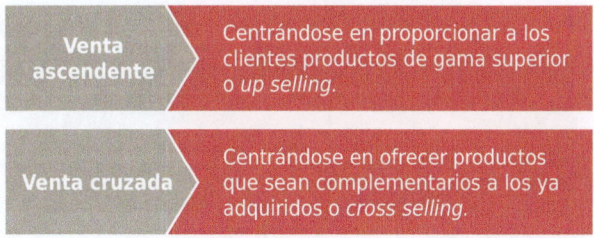

Venta ascendente: Centrándose en proporcionar a los clientes productos de gama superior o *up selling*.

Venta cruzada: Centrándose en ofrecer productos que sean complementarios a los ya adquiridos o *cross selling*.

Aumentar las ventas se consigue interactuando con los clientes para obtener así información sobre sus necesidades o gustos en sus compras.

4.7. Mejora la gestión y la comunicación interna

Un sistema CRM debe englobar a todo el equipo que conforma la empresa, de esa forma, se conseguirá un mejor seguimiento de cada cliente. Si todo el equipo está coordinado y se comunica eficientemente, se mejora la gestión de las ventas, lo que permite conocer en qué fase del ciclo de venta se encuentra cada cliente y cuando está listo para la siguiente fase.

Teniendo un CRM es posible una comunicación más fluida dentro de la empresa, lo que permite a los diferentes departamentos trabajar de forma coordinada.

El hecho de que todos los miembros de la empresa o los diferentes departamentos trabajen de forma conjunta, permite mejorar la rentabilidad empresarial y el servicio de atención a los clientes. En concreto, aplicar un CRM no solo afecta al sistema de ventas o *marketing* de la organización, si no que puede ser ventajoso para:

Llegar a los clientes potenciales
Utilizar un CRM permite realizar un seguimiento de las reuniones que tengan los proveedores con los trabajadores, encargados o dueños de la empresa, lo que permite registrar esta información y generar informes que ayuden a su gestión. En definitiva, se mejorará la gestión en el suministro de los bienes y servicios, siendo un proceso más sencillo y rápido.

Gestión departamento laboral
Es posible aplicar la herramienta CRM al departamento de recursos humanos de la empresa, lo cual ayudará a la gestión en procesos de selección o contratación y en el seguimiento al rendimiento de los trabajadores.

4.8. Mejora la estrategia de *marketing*

Gracias al CRM se pueden analizar las necesidades de los clientes y cómo actúan, determinando la mejor estrategia de *marketing* para conseguir la eficiencia de las ventas.

Contar con un CRM permite determinar cuál es el momento oportuno para ofrecer un determinado producto, optimizando la estrategia de *marketing*.

El CRM ayudará a la empresa a crear grupos de clientes, donde se destacarán a los más rentables y los que generen más beneficios, no perdiendo el tiempo en aquellos que no van a generar beneficios al negocio.

Utilizando adecuadamente los datos que proporciona un CRM se pueden configurar estrategias de *marketing* efectivas y rentables.

IMPORTANTE

Gracias al CRM se pueden crear campañas de *marketing* que promocionen los productos o servicios para un segmento de clientes diferentes a los que ya habían comprado el producto, aumentando así, los ingresos.

4.9. Inconvenientes del CRM

Aunque implementar un CRM en la empresa tiene innumerables beneficios como hemos analizado, también su uso puede presentar inconvenientes para los empresarios.

Los **inconvenientes** más usuales con los que se encuentran las empresas que quieren poner en marcha un *software* CRM son:

- **Coste.** Este *software* informático funciona mediante la adquisición de la licencia del programa informático CRM, lo que conlleva un gasto. Algunos proveedores del sistema ofrecen un período de prueba gratis, pero, pasado el mismo, se debe abonar por su utilización. Cada proveedor tendrá su precio, que variará en función de lo que se desee contratar y el número de personas que lo van a utilizar. El pago, normalmente, será mensual, aunque se pueden encontrar algunos soportes gratuitos con limitaciones.
- **Formación.** Será necesario proporcionar formación a las personas encargadas del funcionamiento del *software,* así como a todos los trabajadores que lo van a utilizar en su rutina de trabajo. Esto conlleva una inversión económica y de tiempo.
- **No ser útil.** Puede ser que un CRM no sea de utilidad para todos los tipos de empresas. Habrá que analizar si verdaderamente es un sistema de utilidad para la organización, ya que de ello dependerá cómo se relacionan los clientes con la empresa.
- **Rechazo.** Puede darse el caso de que los trabajadores muestren rechazo a utilizar este tipo de sistemas, ya que, al ser una herramienta nueva, puede causar nerviosismo a la hora de tener que trabajar con ella, por ello, se debe motivar a los trabajadores y formarlos adecuadamente para que no produzca rechazo por su parte.

 ACTIVIDAD COMPLEMENTARIA

2. Busca, en fuentes externas, alguna empresa de éxito que haya implantado un CRM y le haya repercutido beneficiosamente en su proceso de ventas.

5. Implementación

☞ **HILO CONDUCTOR**

La empresa Inmoal S. L. ha decidido poner en marcha un sistema de gestión automatizado contando con un *software* CRM, por lo que necesita conocer cómo es su implementación dentro del sistema que utiliza su organización.

Como ya se ha podido ver a lo largo de esta unidad, un CRM es un programa informático dirigido a organizar y gestionar toda la información y relaciones con los clientes. Este tipo de herramientas suele ser implementado por grandes organizaciones, las cuales ven una ayuda en su sistema de gestión, pero los pequeños empresarios o pequeñas empresas no le dan tanta importancia y siguen pensando que no es necesario contar con un programa informático para la gestión de las ventas.

Muchos empresarios consideran que no es necesario implantar un CRM y que es suficiente con seguir utilizando un sistema de agenda para organizar las citas con los clientes, tener un listado de los mismos e, incluso, gestionar los pedidos.

El desconocimiento ante lo novedoso implica, en determinadas situaciones, rechazo, por lo que es importante conocer cómo poder implementar un CRM puede ser una tarea sencilla para la organización, aportando innumerable de beneficios.

5.1. Funcionamiento de un CRM

El funcionamiento de un CRM parte de una idea muy sencilla, almacenar toda la información posible sobre los clientes y realizar un seguimiento individualizado de ellos para conseguir que adquieran el producto o servicio y se muestren satisfechos.

Los datos que se tratan dependerán del tipo de empresa y de los objetivos que se deseen alcanzar, por lo que la información importante la decidirán los responsables de la implantación del CRM. No obstante, los **datos** que suelen recopilarse son:

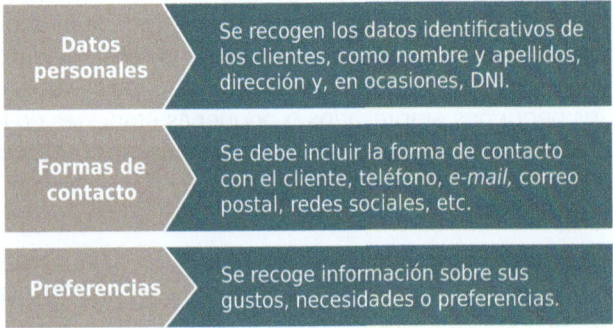

Datos personales	Se recogen los datos identificativos de los clientes, como nombre y apellidos, dirección y, en ocasiones, DNI.
Formas de contacto	Se debe incluir la forma de contacto con el cliente, teléfono, *e-mail*, correo postal, redes sociales, etc.
Preferencias	Se recoge información sobre sus gustos, necesidades o preferencias.

Este tipo de información se recabará de diferentes formas, ya que la manera en que el cliente se interrelacione con la empresa puede ser mediante conversaciones, reuniones, visitas al establecimiento, etc.

 **IMPORTANTE**

Es importante tener actualizada la información incluida en el CRM y así los datos no queden desfasados.

El CRM debe ser capaz de gestionar de forma inteligente el sistema de ventas, anticipándose a las necesidades de los clientes, para así cerrar las ventas y ser capaz de ayudar en el proceso de captación de nuevos compradores.

Por lo tanto, el CRM debe contar con las siguientes **funciones:**

- **Segmentación.** Todos los clientes no son iguales, por lo que no se les puede tratar de la misma forma. Es necesario personalizar el trato con el cliente y, gracias al CRM, se puede conseguir, puesto que permite segmentar los datos en función del tipo de cliente, orientándose en cada momento hacia un segmento concreto, en función del tipo de producto o servicio que se esté comercializando.
- **Seguimiento.** El programa CRM permite realizar un seguimiento de las tareas de ventas, por ello, establece las herramientas necesarias para automatizar los contactos con los clientes. Es decir, se registrará cualquier tipo de contacto y se anotará lo que ha pasado cada vez que se hace una comunicación con el cliente, ya sea vía *e-mail,* telefónica o presencial.
- **Análisis de datos.** Gracias a la información que se recaba de cada cliente, el CRM permite analizar los datos, generando informes de forma simple, automatizada y personalizada. Esto permitirá saber cómo actuar tanto al departamento de ventas como al de *marketing.*

Implantar un CRM en una empresa requiere de un poco de esfuerzo de todo el equipo, por ello, se le debe sacar el mayor provecho y muchas empresas optan por interconectar el CRM a otras de las plataformas que utilicen.

EJEMPLO

Un CRM puede integrarse con un servicio de telefónica como es un *call center.* Esta unión suele ser sencilla de realizar y permite aumentar la productividad y rentabilidad del negocio.

En definitiva, el CRM integra un *software* de seguimiento de ventas y gestión de contactos que se utilizará tanto para tener un mejor servicio al cliente y para dar soporte técnico al mismo, con una plataforma automatizada de gestión de la estrategia de *marketing.*

El **funcionamiento** del CRM descansa sobre **3 pilares:**

- **ROI de un CRM.** Este *software* debe poder proporcionar el ROI (retorno de inversión), es decir, se analiza si este sistema proporciona beneficio. Para implantar un CRM y que sea rentable, se debe averiguar si se obtiene de él lo que se paga, es decir, la empresa debe asegurar que el CRM le aporta suficientes ingresos como para amortizarlo. Para ello, es conveniente realizar un seguimiento del ROI en el CRM, analizando cuántos ingresos genera la implantación del CRM en comparación con sus gastos.

- **Automatizar el *marketing*.** Un CRM que permite automatizar el *marketing*, permite tener programados los *e-mails* y tener varias plantillas predefinidas de los mismos. Gracias a este *software*, se podrán crear campañas de *marketing* de forma automatizada. Esto permite contar con formularios automatizados donde se pueden recabar información sobre nuevos clientes.
- **Automatizar las ventas.** El CRM permite automatizar el proceso de ventas, lo que proporciona plantillas de ventas personalizadas que se pueden mandar a los clientes. En este sentido, el sistema irá marcando qué hacer con cada cliente.

El punto de partida en la implementación de un CRM es definir cuáles son los objetivos que se quieren conseguir con el mismo y los resultados que se esperan. Posteriormente, se deberá crear y planificar un proceso de implementación del CRM, donde se tendrá en cuenta:

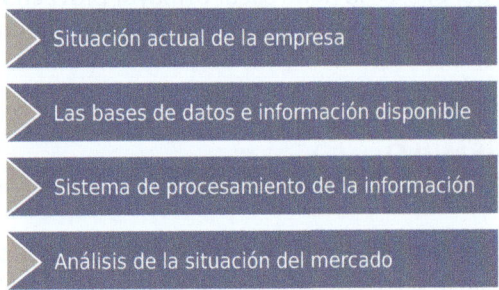

Situación actual de la empresa

Las bases de datos e información disponible

Sistema de procesamiento de la información

Análisis de la situación del mercado

5.2. Implementación del CRM

Resumiendo, el CRM es un *software* que mediante un sistema automatizado, permite gestionar las relaciones con los clientes. Cada empresa utiliza el CRM como mejor le convenga, pero para asegurar el éxito es necesario conocer en qué consiste la implementación de este sistema. Las empresas que implementan adecuadamente un CRM consiguen mejorar los procesos de la empresa priorizando las ventas y la calidad de la atención del cliente.

NOTA

Da igual que la empresa sea pequeña, mediana o grande, siempre existe un CRM que se adapte a sus necesidades y tipo de negocio, ya que está demostrado que la implementación del CRM provoca una mejora competitiva en el mercado.

El proceso de implementación del CRM cuenta con varias etapas, que engloban desde la planificación, realización, seguimiento y evaluación de los objetivos establecidos para cada una de ellas.

En concreto, el **proceso de implementación** consta de las siguientes **etapas:**

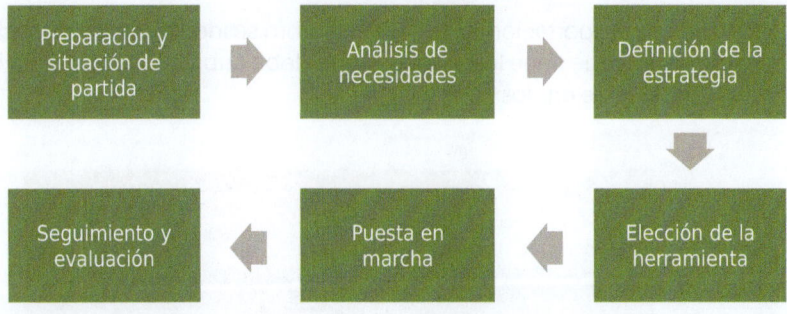

Preparación y situación de partida

Lo primero que se debe hacer en el proceso de implementación de un CRM es conocer la situación de la que parte la empresa, para ello, se deberá analizar:

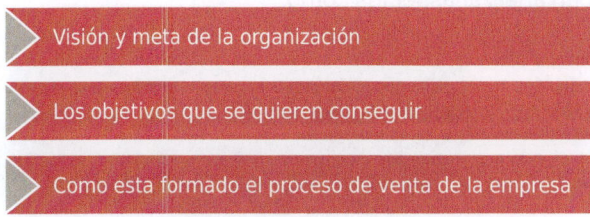

Analizar detalladamente el proceso de venta que se está siguiendo en la empresa es fundamental para conocer qué es lo que tenemos y qué queremos conseguir. Esto consiste en tener claro cómo son las relaciones entre los comerciales y resto de trabajadores o agentes implicados en la compra con los clientes. Por ello, es necesario que todos los que participen en el proceso de venta den su opinión y aporten sus conocimientos.

En esta fase se debe contar con todos los agentes implicados en el proyecto, los cuales deben aportar toda la información que les sea posible, siempre documentada, para poner en marcha el CRM de una forma óptima.

Análisis de necesidades

En segundo lugar, se deben analizar las necesidades que tienen todos los agentes implicados como son los comerciales, el departamento de *marketing* y el equipo de atención al cliente.

Mediante las aportaciones de cada miembro se identifican las **necesidades o carencias** que tiene la empresa y que debe cubrir el CRM, las cuales pueden clasificarse en dos:

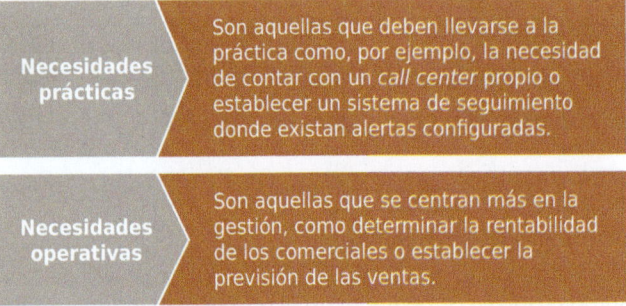

Necesidades prácticas: Son aquellas que deben llevarse a la práctica como, por ejemplo, la necesidad de contar con un *call center* propio o establecer un sistema de seguimiento donde existan alertas configuradas.

Necesidades operativas: Son aquellas que se centran más en la gestión, como determinar la rentabilidad de los comerciales o establecer la previsión de las ventas.

En concreto, en esta etapa lo que se busca es identificar las necesidades reales de la empresa con respecto a la implementación del CRM, para ello, se deben analizar aspectos como:

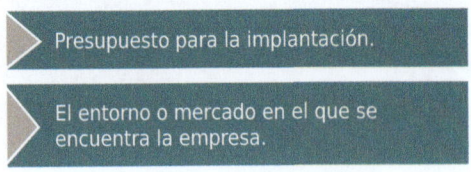

Presupuesto para la implantación.

El entorno o mercado en el que se encuentra la empresa.

Continúa en página siguiente >>

<< Viene de página anterior

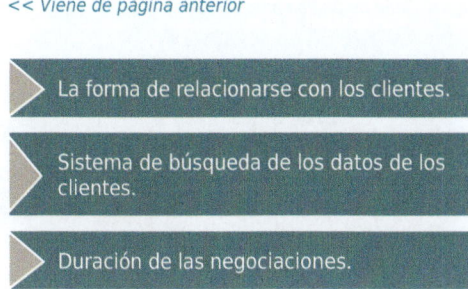

Con el análisis anterior realizado y el planteamiento claro, se deben definir los objetivos que se pretenden alcanzar. En concreto, la implementación de un CRM se puede centrar en alcanzar los siguientes **objetivos:**

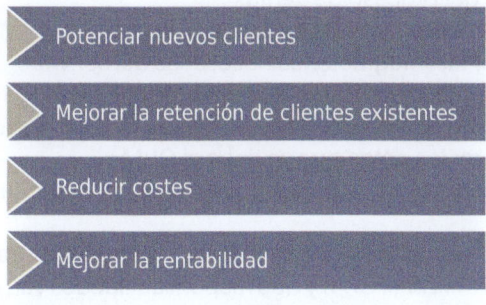

Definición de la estrategia

Una vez analizadas las necesidades, la empresa debe ser capaz de saber el rumbo que quiere seguir y qué pretende con la implementación del CRM, para ello, debe ser consciente de qué debe cambiar y qué se quiere conseguir, teniendo en cuenta:

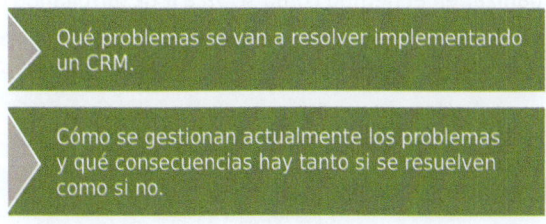

Continúa en página siguiente >>

<< Viene de página anterior

> Qué se quiere cambiar tras la implementación del CRM y qué resultados se esperan.

> Qué plazo se establece para lograr la implementación sea exitosa.

Es importante establecer una organización para el proceso de implementación, no se trata de poner fecha en la que debe estar asentado el CRM en la organización, sino de establecer una planificación que permita ir realizando las siguientes acciones:

- Análisis del proceso de ventas
- Analizar varios tipos de *softwares*
- Conocer las integraciones necesarias del *software*
- Pedir opinión a los diferentes agentes involucrados
- Realizar un análisis de los costes y elaborar un presupuesto
- Incorporar los datos que se tiene al CRM
- Dar capacitación a los usuarios de esta herramienta

Un aspecto esencial es determinar qué parte de los trabajadores de la empresa van a utilizar el CRM y qué responsabilidades van a tener, ya que todos no utilizarán de la misma forma las diferentes opciones que proporciona esta herramienta. Esto ayuda a establecer niveles de uso o acceso al *software*.

IMPORTANTE

Teniendo claras las estrategias que hay que seguir en el proceso de implementación del CRM y los agentes que intervienen, es bueno contar con un calendario donde organizar en el tiempo cómo se va a ir desarrollando cada etapa, qué va primero y qué se necesita para pasar a la siguiente.

Elección de la herramienta

Una vez establecido qué se quiere conseguir con el CRM, hay que buscar la herramienta adecuada para la empresa.

En el mercado hay muchas plataformas, normalmente sus funciones básicas suelen ser las mismas, pero cada *software* se organiza de forma diferente. Cada empresa valorará unas acciones u otras, por lo que se deberán analizar las siguientes **funciones:**

En concreto, hay tres **tipos de CRM** en el mercado:

- ➲ **CRM operativo.** Este sistema está centrado en la automatización de la gestión de ventas, *marketing* y atención al cliente. Trata de mostrar de una forma centralizada los contactos que la empresa hace con los clientes. Tiene como objetivo identificar posibles clientes, segmentando la información de la que dispone la empresa en su base de contactos. Mediante este CRM se mejora el *marketing* y la comunicación interna, aumentan las ventas cruzadas y el cliente se muestra más satisfecho.
- ➲ **CRM analítico.** Mediante este sistema se ayuda a tomar decisiones sobre la venta, es decir, los datos que se recogen sobre los clientes ayudan a tomar decisiones en relación con los productos o servicios que ofrece la empresa. Lo que pretende es conocer cómo se comporta el cliente detectando necesidades y oportunidades para fomentar la venta cruzada o el *up selling.*
- ➲ **CRM colaborativo.** Esta herramienta se basa en interactuar con los clientes mediante diferentes canales de comunicación, como son el correo de empresa o la telefonía. Está enfocado en mejorar la satisfacción del cliente y su lealtad hacia la empresa, ya que se dirige a los servicios posventa. Gracias a este tipo se consigue mejorar la comunicación, así como tener una información más completa y actualizada del cliente.

Habrá empresas que necesiten un CRM operativo, analítico o colaborativo, o incluso que cuente con los tres puntos de vista y haya posibilidad de integrarlos en un único CRM. Normalmente, la implementación del CRM va evolucionando, ya que la empresa lo adquiere en un primer momento como operativo, posteriormente, necesita que sea analítico o, incluso, colaborativo, por esto es necesario contar con un *software* que abarque por complemento todas las interacciones que se realicen con el cliente.

Dependiendo de la **ubicación** del CRM existen dos **tipos** diferentes:

CRM en la nube *(On demand)*
Se basa en un programa ubicado en la nube, es decir, un CRM *cloud*. Es una herramienta *online* y no necesita de instalación en un equipo. Para trabajar con él basta con acceder a la web del servidor, por lo que se necesita conexión a internet. Es una opción recomendable para empresas pequeñas que tienen menos presupuesto, ya que conlleva menores gastos por su uso y por su mantenimiento.

CRM local *(On premise)*
Para contar con este sistema se necesita un servidor físico y puede estar creado por la propia empresa. Esta aplicación se gestiona por los trabajadores y se pone a disposición del cliente. Se recomienda a empresas de mayor tamaño, porque su coste es más elevado y, al necesitar de un servidor físico, el mantenimiento es también superior, pero cuenta con la ventaja de poder personalizarse.

Elegir un tipo de CRM u otro dependerá del tipo de empresa y los objetivos que se deseen conseguir, pero no hay que perder el punto en común de todos los CRM, que es la gestión de los clientes. Por eso, a la hora de decantarse por la herramienta más adecuada, se deberá valorar los siguientes **aspectos:**

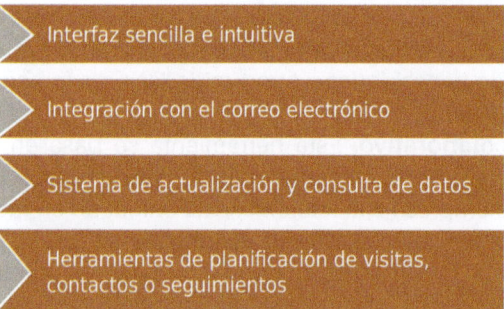

Interfaz sencilla e intuitiva

Integración con el correo electrónico

Sistema de actualización y consulta de datos

Herramientas de planificación de visitas, contactos o seguimientos

 **SABÍAS QUE...**

Integrar el CRM con el servicio de telefonía, aporta ventajas y una mejora en el proceso, ya que es posible contactar con el cliente accediendo a su ficha, grabar

Continúa en página siguiente >>

<< Viene de página anterior

las conversaciones, guardarlas e, incluso, convertirlas en texto, si es necesario. Gracias a esto, los trabajadores pueden simplificar el proceso y mejorar su trato hacia el cliente más personal y de calidad.

En concreto, para elegir el CRM adecuado la empresa debe valorar cómo consigue tener una mejor relación con los clientes, de forma que le permita aumentar las ventas y la productividad y reducir los costes.

 ## ACTIVIDAD COMPLEMENTARIA

3. Investiga en internet qué tipo de CRM es el más utilizado, si el operativo o el analítico. Además, indica algunos de los mejores CRM del mercado, estableciendo sus ventajas e inconvenientes.

5.3. Puesta en marcha

La siguiente etapa de la implementación consiste en poner en marcha, propiamente dicho, el CRM en la organización.

Escogida la opción de CRM y con toda la información que se ha recopilado en las anteriores etapas, se pone en marcha el *software* en el trabajo diario, para lo que se tendrán en cuenta las siguientes **acciones:**

Establecer el plan de automatización del CRM	Capacitar al equipo	Incorporar los datos y hacer pruebas

Establecer el plan de automatización del CRM

Normalmente, las empresas recogen los datos de sus clientes de forma rudimentaria, en ocasiones, se utilizan hojas de cálculo o bases de datos informáticas, pero este trabajo requiere invertir mucho tiempo en tareas repetitivas que no son productivas, por ello se hace necesario automatizar el CRM, consiguiendo mecanizar estas tareas repetitivas que van ligadas a la venta de los productos o servicios, su *marketing* y el propio servicio de atención al cliente.

Lo ideal sería buscar un *software* que incluya herramientas de automatización de tareas mediante una interfaz de fácil manejo.

Una tarea que puede resultar repetitiva es el envío de información cuando un cliente lo solicite, si esta tarea se encuentra automatizada, puede resultar más fácil y se ahorraría mucho tiempo. Como **ejemplos** de este proceso de automatización podemos ver los siguientes:

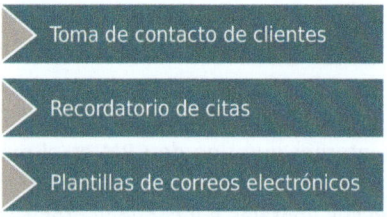

Toma de contacto de clientes

Recordatorio de citas

Plantillas de correos electrónicos

Para obtener beneficios en el uso del CRM, es muy importante su automatización, ya que tareas que son repetitivas y en las que se invierte mucho tiempo, pueden ser más simples y ahorrar bastante a las empresas.

 TAREA 2

Leonardo es un empresario va a adquirir mobiliario para sus instalaciones. Ha accedido a la web de una empresa dedicada a la venta de mobiliario de oficina y equipos informáticos, ya que quiere preguntar sobre cómo es su servicio y solicitar presupuesto. ¿Se podría automatizar este tipo de acciones?

Capacitar al equipo

Una de las cuestiones claves para que la implementación del CRM es formar y capacitar al personal. Para ello es fundamental contar con un sistema de comunicación interna, sencilla y directa que informe de la implementación del CRM.

Para que funcione correctamente, se debe dejar clara la planificación y el calendario que se va a seguir para su puesta en marcha y los beneficios que aportará el CRM para el trabajo de las personas involucradas.

Es importante que los comerciales tengan los conocimientos necesarios para garantizar el correcto funcionamiento del CRM, además, de que les quede claro que utilizar esta herramienta les ayudará a ahorrar tiempo y tendrán tareas más sencillas.

Capacitar a los trabajadores puede ser un proceso que lleve tiempo, ya que implementar este *software* en la empresa requiere la necesidad de cambiar la forma de trabajar y hay personas que se adaptan más fácilmente que otras a estos cambios.

Normalmente los proveedores de esta herramienta suele proporcionar formación, o por lo menos, algunas guías explicativas de su funcionamiento. Este proceso es más complejo en empresas con muchos trabajadores, ya que organizar la formación suele ser más tediosa, por lo que la empresa puede elaborar un plan interno de formación por departamentos o sectores.

Incorporar los datos y hacer pruebas

Una vez que el equipo cuenta con los conocimientos necesarios, hay que incorporar la información que se tiene de los clientes. Esto se conoce como realizar una migración de los datos existentes. Algunos proveedores dan herramientas para que este procedimiento no sea muy complejo y requiera poco tiempo.

Otra cuestión importante que tener en cuenta, antes de empezar a trabajar, es hacer algunas pruebas piloto, es decir, probar el *software* antes de su uso para así detectar posibles fallos o aspectos en los que no se ha recibido la formación adecuada, para así depurarlos antes de cometer un error mayor y poner en riesgo la rentabilidad de la implementación del CRM.

Tampoco se puede olvidar cumplir con la normativa en cuanto al tratamiento de los datos. En nuestro país, es la Ley Orgánica 3/2018, de 5 de diciembre, de Protección de Datos Personales y garantía de los derechos digitales, la que asienta, las bases para un correcto tratamiento de los datos personales. En un entorno de CRM es fundamental cumplir con esta normativa, ya que se trabaja con datos personales de los clientes.

Es fundamental que el cliente de su consentimiento para el tratamiento de sus datos para poder cumplir con la normativa vigente.

 IMPORTANTE

Cuando ya se haya probado el programa y se conozca su funcionamiento, es el momento de llevarlo a la práctica y aplicarlo en el día a día.

5.4. Seguimiento y evaluación

La implementación del CRM es algo que no acaba, ya que es importante establecer un procedimiento de seguimiento y evaluación. En concreto, es necesario analizar continuamente los datos, obteniendo informes de calidad, que permitan detectar si existen fallos y qué aspectos se pueden mejorar para seguir optimizando el proceso de ventas, *marketing* y la atención al cliente.

El seguimiento debe hacerse de los siguientes **aspectos:**

> La rentabilidad del *software*

> Tiempo que se ha invertido en la implementación

Continúa en página siguiente >>

<< Viene de página anterior

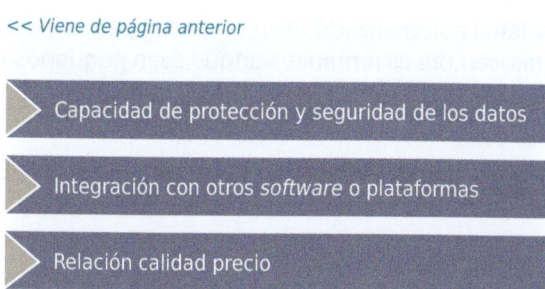

> Capacidad de protección y seguridad de los datos

> Integración con otros *software* o plataformas

> Relación calidad precio

Queda claro que implementar de forma adecuada un CRM en una empresa no es una tarea fácil, pero merece la pena ya que incrementará las ventas y los clientes estarán más satisfechos.

6. ¿Está preparada tu empresa?

👉 HILO CONDUCTOR

Una vez que la empresa Inmoal S. L. ha conocido los recursos necesarios para poder implementar un CRM en su empresa, se pregunta si está preparada para ponerlo en práctica y si será rentable su implementación en la organización del trabajo de sus comerciales.

Aunque contar con un CRM supone una gran oportunidad para la empresa, muchas no le dan importancia. Tener un CRM permite a la empresa organizar los contactos para simplificar el proceso de ventas y se aumenten las ventas.

A día de hoy, muchos comerciales o responsables, utilizan su agenda o su libreta en papel, en la cual llevan su registro y apuntan los datos de sus clientes. Utilizando estos sistemas se corre un gran riesgo de pérdida de la información que con el CRM no pasa.

Gracias al CRM la información siempre está actualizada, lo que permite aumentar las ventas, ya que no se pierde tiempo en tener que renovar los datos.

Con carácter general, se piensa que un CRM solo es para grandes empresas, ya que ellas manejan una mayor cantidad de datos de clientes, y que no es rentable para autónomos y pequeñas y medianas empresas. Pero contar con un sistema automatizado de información para la gestión de los clientes y las ventas siempre es rentable, aunque sean pequeños negocios.

 ## SABÍAS QUE...

Los pequeños empresarios consideran que tener una herramienta CRM es algo costoso y no lo ven como útil, pero hoy en día, con la nube y los sistemas de telefonía, es posible contar con este programa que ayudará a incrementar las ventas.

En el entorno empresarial, por norma general, tener un CRM se considera como una herramienta fundamental si se quieren aumentar las ventas mejorando la relación con el cliente. No obstante, muchas empresas consideran que no están preparadas para dar este paso, los motivos principales por los que consideran que no van a poder incorporar este *software* son:

Falta de recursos	Desconocimiento sobre la materia	No lo ven como una prioridad en su estrategia de ventas

Para superar esto, es importante que las empresas estudien sus posibilidades y conozcan los inconvenientes con los que se pueden encontrar, así como sus posibles soluciones, para poder tomar una decisión adecuada.

Si la empresa considera que aún no está preparada y no tiene claro el contar con un CRM, no debe ignorar que existe, sino que es importante recabar toda la información posible sobre este software a fin de determinar si el mismo puede adaptarse a su sistema de gestión de ventas y puede ayudarle a obtener mayores beneficios.

6.1. ¿Por qué la empresa necesita un CRM?

Para responder a la pregunta de si la empresa está preparada para un CRM hay que determinar si necesita este *software,* analizando las consecuencias que puede tener el no contar con esta herramienta.

En concreto, no tener un CRM genera:

⮞ **Déficit en la organización de las relaciones con los clientes.** No tener un CRM hace que se pueda perder información importante, ya que la empresa no cuenta con un sistema que recopile y ordene los datos de los clientes.

⮞ **Problemas en la segmentación de las relaciones con los clientes.** Si la empresa no tiene un CRM, no podrá personalizar la comunicación con ellos, ni establecer patrones que permita clasificarlos según su perfil, su historial de compras o comportamientos comunes. El segmentar a los clientes facilita las ventas y agiliza la gestión, ya que se pueden persona-lizar los mensajes que se envían a los clientes, lo cuales se adaptan a las preferencias de cada grupo.

⮞ **Dificultad en el análisis del rendimiento de la estrategia de *marke-ting.*** Si la empresa tiene una herramienta como un CRM puede analizar la tendencia de los clientes y evaluar cómo las acciones de *marketing* influyen en sus comportamientos de compra.

En un entorno cada vez más digitalizado, contar con un *software* CRM es clave para conseguir el éxito empresarial, pero si la empresa considera que no está preparada, aparece lo que se conoce como **beneficios perdidos,** los cuales se exponen a continuación:

⮞ **Capacidad de almacenar información y analizar los datos de los clien-tes.** Si no se tiene un CRM, el sistema de recopilación de datos es defi-ciente, ya que se pierde mucha información, lo que conlleva que la em-presa no conozca al cliente, ya que no sabe cuáles son sus prioridades y no es posible ofrecer productos y servicios adaptados a sus necesidades.

⮞ **Retención de clientes.** Contar con un CRM hace que se tenga una rela-ción más personal con los clientes, lo que permite estar más en contacto con ellos y darles una solución más rápida a sus problemas. Pero si no cuentan con esta herramienta, pueden perder clientes, ya que el sistema de comunicación con ellos es deficiente.

⮞ **No se detectan las oportunidades.** El no tener un CRM conlleva no tener una correcta comunicación con los clientes, lo que significa que no se detectan nuevas oportunidades, no se desarrolla un sistema ade-cuado de ventas cruzadas, por lo que se pierden ingresos.

Si a pesar de todo, la empresa sigue sin estar preparada para implementar un CRM, debe tomar medidas para que la relación con los clientes sea satisfactoria, como, por ejemplo:

Establecer un sistema de recopilación de datos manual que le permita conocer las preferencias y necesidades de los clientes.

Establecer mejores canales de comunicación con los clientes, que permita una respuesta rápida ante sus posibles problemas o reclamaciones.

Analizar la información que obtenga de los clientes, lo que permite ofrecerles productos y servicios adaptados a sus necesidades.

 TAREA 3

Gustavo es un autónomo con un gran volumen de ventas, cuenta con un equipo formado por cinco comerciales, pero tiene mucho descontrol en la relación con sus clientes, ya que no usan un sistema que tenga organizada dicha información. Su gestor le ha propuesto implementar un CRM, pero considera que es un gasto inútil que no le aportará beneficios. ¿Está preparada la empresa de Gustavo para tener un CRM? ¿Cómo se le puede aconsejar para que lo ponga en práctica?

7. Errores más frecuentes

 HILO CONDUCTOR

Una vez analizadas las ventajas de contar con un CRM y conocer cómo se puede llevar a la práctica, el responsable de ventas de la empresa Inmoal S. L. necesita conocer cuáles son los errores más frecuentes a los que se puede enfrentar para diseñar un protocolo a sus comercialices, para que sepan cómo actuar ante situaciones difíciles.

Como se ha ido viendo, si se implementa una herramienta CRM, la empresa puede ver cómo mejora la gestión con los clientes y aumentarán las ventas, pero existe la posibilidad de cometer errores, tanto en la elección del CRM como en su implementación.

Si el utilizar un *software* CRM no aporta beneficios es porque no se está utilizando de forma adecuada y no se tienen en cuenta aspectos importantes que permitan su rentabilidad, lo que provocará pérdida de tiempo y dinero.

Para que esto no ocurra es importante analizar los errores más importantes que pueden aparecer al trabajar con un CRM, ya que conocerlos implica tomar medidas para que no ocurran, los más frecuentes son:

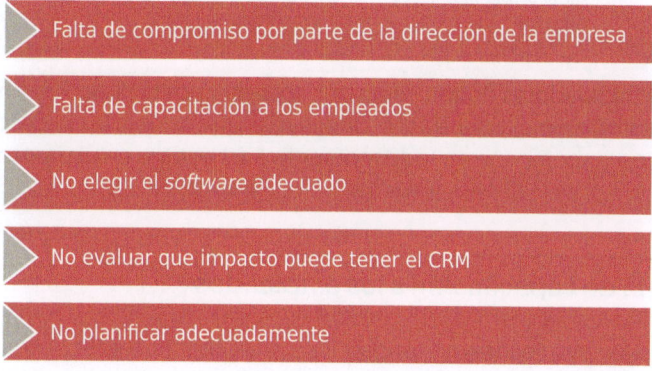

Evitando estos errores se garantiza el éxito de la implementación del CRM, con lo que se consiguen los resultados esperados. Para entenderlo mejor, a continuación, se analizarán estos posibles errores.

7.1. Falta de compromiso por parte de la dirección de la empresa

Si el director o equipo directivo de la empresa no está muy conforme con la implementación del CRM, generará desconfianza y desmotivación en los trabajadores. Todo cambio implica un esfuerzo, por lo que los directivos son los primeros que deben estar cien por cien convencidos de que esta herramienta provocará un antes y un después en el proceso de ventas, mejorando la relación con los clientes y haciendo más fácil llegar al consumidor final. Si esto no es así, es complicado que los trabajadores acepten este sistema y admitan el cambio.

Los directivos deben resaltar los beneficios del software y dar ejemplo demostrando ilusión por su puesta en marcha.

Los trabajadores deben sentirse arropados por la dirección en la adopción de este sistema, y debe ser el directivo el que asiente las bases de su implantación y acompañe en todo momento a su equipo en el proceso.

7.2. Falta de capacitación a los empleados

Que los empleados no tengan los conocimientos adecuados sobre el uso del *software* puede llevar a una mala utilización del mismo. Esto se evita estableciendo un plan de formación, donde, además de capacitar a los trabajadores, los motive a realizar este cambio e incorporar esta tecnología en sus tareas diarias.

Puede que los trabajadores se opongan al cambio, pero incluyéndolos en el proceso se conseguirá que adquieran las competencias necesarias y vean con buenos ojos el utilizar esta herramienta.

 IMPORTANTE

Con carácter general se cuenta con un especialista en configuración del CRM, dejando de lado al equipo comercial, pero es importante que ellos aporten sus ideas a la hora de establecer las funciones, ya que son los que van a hacer uso directo de esta herramienta y son los que conocen qué les beneficiará y qué no.

Además, se debe incluir a los trabajadores en el desarrollo del CRM para que su implementación sea un éxito, ya que son los usuarios finales de esta herramienta y su participación en el sistema ayudará a contar con un CRM que verdaderamente satisfaga las necesidades de la organización.

Si los trabajadores sienten que se les escucha y se les tiene en cuenta y, además, se les proporcionan instrumentos para conocer los cambios, la implementación del CRM será mucho más rápida y sencilla. Para conseguir esto se puede:

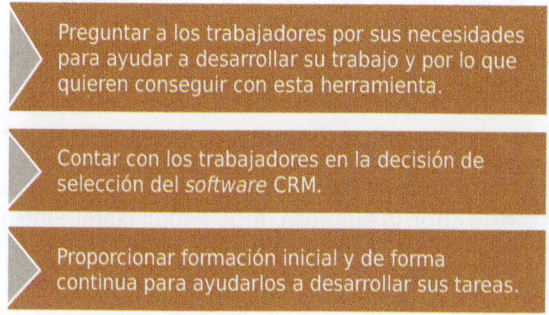

Preguntar a los trabajadores por sus necesidades para ayudar a desarrollar su trabajo y por lo que quieren conseguir con esta herramienta.

Contar con los trabajadores en la decisión de selección del *software* CRM.

Proporcionar formación inicial y de forma continua para ayudarlos a desarrollar sus tareas.

7.3. No elegir el *software* adecuado

Es importante saber elegir el CRM que se adapte a las necesidades de la empresa, ya que escoger uno que no sea el adecuado puede generar:

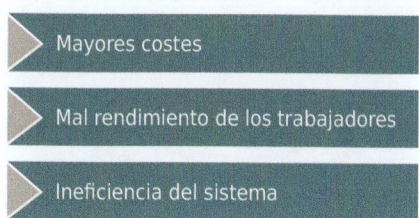

Mayores costes

Mal rendimiento de los trabajadores

Ineficiencia del sistema

En el mercado existen muchas herramientas y esto hace que las empresas opten por buscar la fórmula más económica, lo que puede provocar el uso de *softwares* inadecuados a sus necesidades o incluso anticuados. Además, hoy día se hace más necesario contar con un CRM que sea capaz de integrarse con las nuevas tecnologías (uso de *e-mails,* internet, redes sociales, etc.), ya que esto permite acceder a un gran número de clientes, por lo que este programa debe permitir relacionarse en este mundo contando con un sistema de registro y un sistema de obtención de información desde el mundo virtual, ya que va a aportar una información más detallada de cada cliente.

NOTA

Decantarse por una herramienta que no haga posible su integración con otros *softwares* de la empresa también es un error importante, lo primero, porque no proporciona una buena gestión de la base de datos y, lo segundo, porque puede llevar al descontento de los clientes, puesto que se les puede pedir la misma información por dos sitios diferentes.

- -

Para evitar este error, la empresa debe definir claramente lo que necesita su empresa.

SABÍAS QUE...

Elegir un buen CRM conlleva a tener presente que las necesidades van cambiando con el paso de los años y que el sistema que se elija debe contemplar que se deben realizar actualizaciones periódicas y que se requiere un mantenimiento constante de la aplicación.

- -

7.4. No evaluar qué impacto puede tener el CRM

Un aspecto fundamental es la evaluación del rendimiento que se está consiguiendo con la aplicación del CRM. No basta con poner en marcha y con trabajar con esta herramienta a diario, es necesario medir los resultados y ver si se están alcanzando los objetivos establecidos para conseguir una mejora continua.

Para que esto no ocurra se puede:

> Definir indicadores de rendimiento, como KPI, que ayudan a cuantificar los resultados.

> Analizar la información que se ha almacenado para descubir qué cambios se pueden realizar.

> Determinar qué áreas se pueden mejorar.

Es necesario realizar, con el paso del tiempo, evaluaciones sobre el impacto que ha tenido en las relaciones con el cliente o en la capacidad de retener a clientes, y ver si, efectivamente, se ha producido un incremento en las ventas. Esto no suele ser instantáneo, sino que los resultados suelen verse transcurrido un tiempo desde la implementación del CRM, de ahí la importancia de invertir recursos en llevar a cabo medidas de seguimiento y evaluación de esta herramienta.

 IMPORTANTE

No medir los resultados, ni contar con instrumentos de evaluación de retorno de inversión (ROI), puesto que dificultan la optimización del uso de este sistema y no se llegarán a conseguir los resultados deseados.

7.5. No planificar adecuadamente

En todo proceso que se precie es fundamental realizar una buena planificación y, a la hora de adquirir un CRM, esto es especialmente importante, ya que no realizar una buena planificación puede generar mayores costes, retrasos en la adopción o desarrollo deficiente del CRM.

Dentro de la planificación, lo primero que hay que tener en cuenta es la determinación de los objetivos, estos tienen que ser claros desde el principio. Si no se define lo que se pretende conseguir con el CRM, es fácil no desviarse de lo que se quiere alcanzar. Los objetivos deben tener la capacidad de ser medibles y ver si van acorde con lo que necesita la empresa.

En definitiva, si no se establece un buen sistema de planificación se cometen errores que afectan a lo siguiente:

> No gestionar el cambio de la forma adecuada

> No tener en cuenta la realización de pruebas y validaciones del sistema

> No prestar atención a una integración adecuada del CRM con los sistemas que ya existen

Para poder solventar estos problemas, se debe planificar desde el principio estableciendo:

> Un cronograma que recoja todas las etapas necesarias

> Los recursos que se necesitan (personal, herramientas, inversión, etc.)

> Sistema de evaluación periódica de la propia planificación

APLICACIÓN PRÁCTICA

Julio acaba de ser contratado en una empresa de venta de telefonía móvil en la que se utiliza un CRM. Lleva muchos años trabajando como comercial y nunca ha contado con este tipo de *software*, por lo que le está costando adaptarse. El supervisor de Julio se ha limitado a informarle de cómo se trabaja con este sistema y le ha hablado de las ventajas de contar con esta herramienta. Después de varios meses, Julio sigue sin adaptarse y, aunque establece buenas relaciones con los clientes y es capaz de atraerlos, sus ventas no son las esperadas, además, él está perdiendo la motivación por su trabajo. ¿Qué error se ha cometido en este caso? ¿Cómo se podría solventar?

Continúa en página siguiente >>

<< Viene de página anterior

Solución

Se está cometiendo el error de falta de capacitación del trabajador. Aunque el responsable le haya mostrado la herramienta, no ha sido suficiente, ya que este trabajador no está acostumbrado a trabajar con este tipo de soporte. Es un buen comercial porque lleva muchos años en ello, pero no ha tenido una buena formación de la herramienta con la que tiene que trabajar y, por ello, no ha podido llegar a las expectativas de la empresa y se ha sentido desmotivado. La solución a este problema sería proporcionar a Julio un plan de formación donde pudiera realizar un curso de aprendizaje de esta herramienta y contar con algunas guías prácticas sobre su uso, para así ayudarle a comprender mejor su funcionamiento y que esto no sea un impedimento para el desempeño de su trabajo.

8. CRM para solucionar problemas de la empresa

👉 HILO CONDUCTOR

La empresa Inmoal S. L., a pesar de contar con muchos comerciales que ponen esfuerzo y ganas al trabajo, tiene unas ventas muy bajas, y no llegan a cubrir costes. El gerente tiene puesta su esperanza en el CRM, ya que su gestión comercial y de *marketing* es un desastre, por lo que espera que esta herramienta le ayude a solucionar sus problemas de empresa.

Un CRM proporciona muchas ventajas y beneficios para la empresa, lo principal es que su implementación sea fácil e intuitiva y que ayude a los comerciales en su sistema de ventas. Para que el CRM sea efectivo debe ser capaz de resolver problemas de la empresa, los principales que existen son:

- ➲ **Contar con una base de datos centralizada.** Gracias al CRM se pueden tener almacenados los datos de forma sencilla, y se puede contar con una base de datos que permita no duplicarlos. Para sacar el máximo rendimiento, hay que tener en cuenta que los datos deben ser accesibles y claros, pudiendo contar con una base en la nube y con acceso remoto mediante dispositivos móviles.

- ➲ **Calificar los individuos que muestran interés en el producto o servicio *(leads).*** Es importante analizar las características de los *leads,* de forma que la empresa determina cuál de ellos tiene una mayor probabilidad de convertirse en clientes.

- **Seguimiento de la herramienta.** Con el CRM se pretende solucionar el problema de la falta de seguimiento hacia los clientes mediante el envío de *e-mails* o la creación de alarmas que permiten que los comerciales mantengan una buena relación con los clientes.
- **Generación de informes.** Otro problema que se soluciona con un adecuado CRM son las dificultades para generar informes sobre el rendimiento de las ventas o los gastos, ya que, de una forma simple e intuitiva, el CRM pone a disposición de sus usuarios una serie de informes necesarios para garantizar la buena marcha del proceso de ventas.
- **Tomar decisiones.** Un CRM puede ayudar a la empresa a tomar decisiones complejas, como, por ejemplo:

  - ¿Es rentable seguir manteniendo relaciones con un cliente que compra con frecuencia, pero genera muchos problemas?
  - ¿Qué hacemos con un cliente que no es rentable, pero es fiel a la marca?

  El CRM permite determinar el nivel de rentabilidad y el grado de comportamiento de los clientes con la empresa.
- **Falta de organización en la información.** Con frecuencia, las empresas tienen la información muy desorganizada, lo que provoca no encontrar datos cuando se necesite o tener excesivo papeleo. Gracias al CRM la información se muestra más organizada, de forma digitalizada y con facilidad de acceso.
- **Fallos en el sistema de comunicación interna.** En ocasiones, las comunicaciones entre el director de ventas o gerente y el equipo comercial no están bien definidas, mediante el CRM se permite centralizar la información, por lo que los comerciales pueden acceder de manera simple a los datos de los clientes en cualquier momento, y el gerente puede comprobar la relación del cliente con el comercial de forma simple, verificando quién está consiguiendo una mejor relación con los clientes.

Estos son algunos de los problemas más comunes que una empresa puede solventar con la implementación de un CRM, son situaciones cotidianas que pueden generar bastantes inconvenientes en el negocio y gracias a esta herramienta se pueden solucionar de forma práctica.

Invertir en un *software* CRM es una decisión muy importante para cualquier empresa, por ello, es importante que el responsable o jefe de ventas controle su uso por parte del equipo comercial para garantizar que se consiguen los resultados deseados.

Muchas empresas consideran que para conseguir solventar los problemas que hay en el negocio mediante la aplicación de un CRM, es esencial establecer un sistema de medición del éxito de la implementación del CRM a través de los siguientes parámetros:

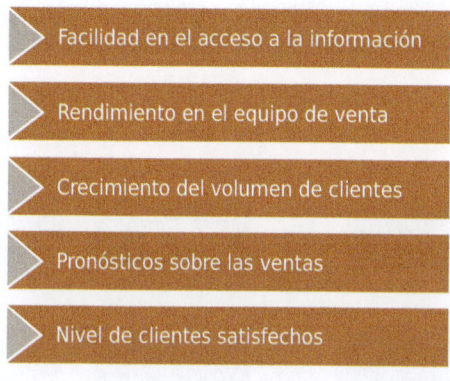

Facilidad en el acceso a la información

Rendimiento en el equipo de venta

Crecimiento del volumen de clientes

Pronósticos sobre las ventas

Nivel de clientes satisfechos

9. Resumen

Un CRM *(Customer Relationship Management)* es un *software* de gestión de las relaciones con el cliente, aunque es más que una herramienta informática, ya que permite realizar un seguimiento de las relaciones con los clientes y, a partir de ahí, elaborar la estrategia de *marketing* a seguir.

Tener un CRM engloba varias partes de la empresa, desde el sistema de ventas, *marketing* y la atención al cliente, ya que permite registrar y conservar la información necesaria sobre los clientes, realizando un seguimiento de todas las relaciones que se tienen con ellos.

En concreto, el CRM:

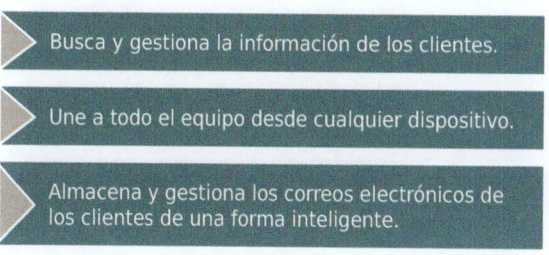

Busca y gestiona la información de los clientes.

Une a todo el equipo desde cualquier dispositivo.

Almacena y gestiona los correos electrónicos de los clientes de una forma inteligente.

Continúa en página siguiente >>

<< Viene de página anterior

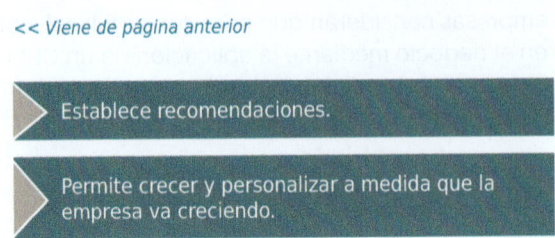

> Establece recomendaciones.

> Permite crecer y personalizar a medida que la empresa va creciendo.

Por su parte, las fases de un CRM son:

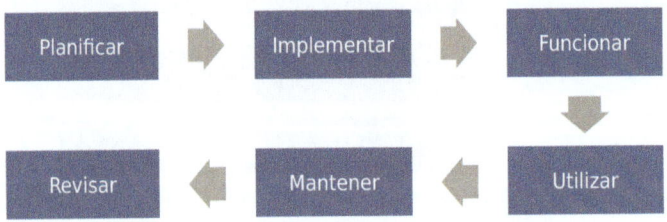

Por otro lado, se deben conocer las etapas por las que pasa un proceso CRM:

Para maximizar las fases del CRM:

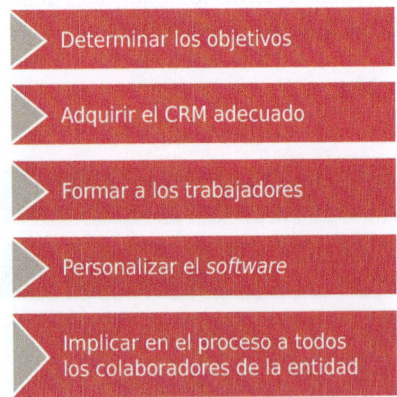

> Determinar los objetivos

> Adquirir el CRM adecuado

> Formar a los trabajadores

> Personalizar el *software*

> Implicar en el proceso a todos los colaboradores de la entidad

Dentro de las ventajas o beneficios del cliente se encuentran:

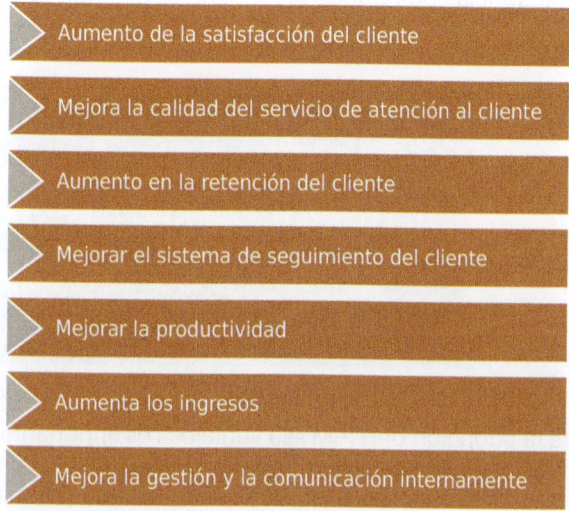

Aumento de la satisfacción del cliente

Mejora la calidad del servicio de atención al cliente

Aumento en la retención del cliente

Mejorar el sistema de seguimiento del cliente

Mejorar la productividad

Aumenta los ingresos

Mejora la gestión y la comunicación internamente

El proceso de implementación del CRM cuenta con varias etapas, que engloban desde la planificación, realización, seguimiento y evaluación de los objetivos establecidos para cada una de ellas.

En concreto, el proceso de implementación consta de las siguientes etapas:

Preparación y situación de partida

Análisis de necesidades

Definición de la estrategia

Elección de la herramienta

Puesta en marcha

Seguimiento y evaluación

Conocidas las etapas de la implementación del CRM, la empresa debe preguntarse si está preparada para ello y si necesita este *software* analizando las consecuencias que puede tener el no contar con esta herramienta, las cuales son:

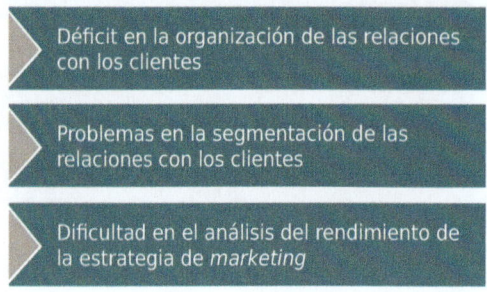

Déficit en la organización de las relaciones con los clientes

Problemas en la segmentación de las relaciones con los clientes

Dificultad en el análisis del rendimiento de la estrategia de *marketing*

Para que la adopción del CRM sea ventajosa es importante analizar los errores más importantes que pueden aparecer al trabajar con un CRM, ya que conocerlos implica tomar medidas para que no ocurran, los más frecuentes son:

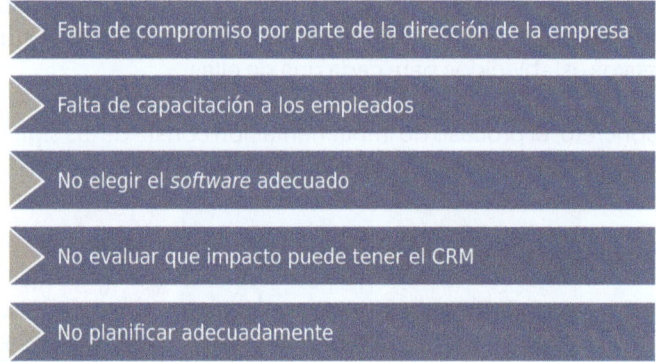

Falta de compromiso por parte de la dirección de la empresa

Falta de capacitación a los empleados

No elegir el *software* adecuado

No evaluar que impacto puede tener el CRM

No planificar adecuadamente

Algunos de los problemas más comunes que una empresa puede solventar, con la implementación de un CRM, son situaciones cotidianas que pueden generar bastantes inconvenientes en el negocio y gracias a esta herramienta se pueden solucionar de forma práctica, como, por ejemplo:

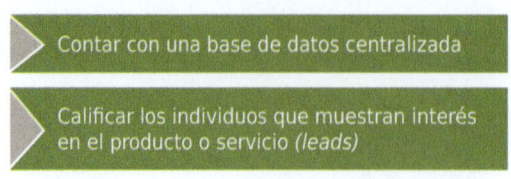

Contar con una base de datos centralizada

Calificar los individuos que muestran interés en el producto o servicio *(leads)*

Continúa en página siguiente >>

<< Viene de página anterior

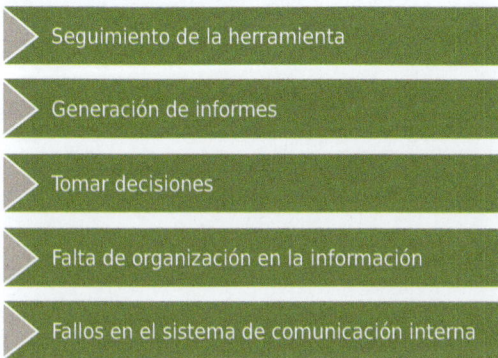

Seguimiento de la herramienta

Generación de informes

Tomar decisiones

Falta de organización en la información

Fallos en el sistema de comunicación interna

Ejercicios de autoevaluación
Unidad de Aprendizaje 1

1. El CRM es...

    a. ... *Customer Relationship Management.*
    b. ... centro relación en el mercado.
    c. ... *Center Relationship Management.*
    d. ... mantenimiento de las relaciones con el cliente.

2. Determina si la siguiente oración es verdadera o falsa.

"Mediante el CRM se puede dejar reflejado el historial de compras de los clientes, estableciendo sus preferencias y obteniendo información para poder dirigirse a ellos y ofrecerles nuevos productos".

    ■ Verdadero
    ■ Falso

3. ¿Cuál de los siguientes no se considera un motivo por el que una empresa puede querer implantar un CRM?

    a. Como herramienta de seguimiento.
    b. Para detectar oportunidades.
    c. Para detectar clientes insatisfechos.
    d. Para mejorar el sistema contable.

4. ¿Qué tipo de datos no se recogen en un CRM?

    a. Nombre del cliente
    b. *E-mail* del cliente
    c. Teléfono del cliente
    d. Foto del cliente

5. Ordene adecuadamente las fases del CRM

    • Utilizar
    • Planificar
    • Implementar
    • Mantener

- Funcionar
- Revisar

6. **Julia necesita comprar un televisor para su dormitorio y ha pensado que uno de 35 pulgadas es el más adecuado, sin embargo, cuando acude al comercio, el vendedor le ofrece un televisor de 55 pulgadas que tiene mejores prestaciones. ¿Qué tipo de estrategia se está aplicando en esta venta?**

    a. *Up selling*
    b. *Cross selling*
    c. *Top selling*
    d. Todas las opciones son incorrectas.

7. **Determina si la siguiente oración es verdadera o falsa.**

    "Si el cliente se encuentra satisfecho, es normal que deje malas referencias sobre la relación con los productos o servicios adquiridos".

    ■ Verdadero
    ■ Falso

8. **¿Qué es la venta ascendente?**

    a. La que se centra en proporcionar a los clientes productos de gama superior.
    b. La que se centra en proporcionar a los clientes productos de gama inferior.
    c. La que se centra en proporcionar a los clientes productos complementarios.
    d. Todas las opciones son incorrectas.

9. **¿Qué no se debe hacer cuando los clientes muestren rechazo al uso del CRM?**

    a. Motivar a los trabajadores.
    b. Formar a los trabajadores.
    c. Gritarles a los trabajadores.
    d. Animar a los trabajadores.

10. Determina si la siguiente oración es verdadera o falsa.

"Mediante la automatización del CRM lo que se consigue es mecanizar estas tareas repetitivas que van ligadas a la venta de los productos o servicios, su *marketing* y el propio servicio de atención al cliente".

- Verdadero
- Falso

Inbound Marketing

Contenido

Objetivos

El objetivo general de esta Unidad de Aprendizaje es:

→ Estudiar el *inbound marketing*.

Los objetivos específicos de esta Unidad de Aprendizaje son:

→ Conocer el *inbound marketing*.

→ Conocer el *marketing* de contenidos.

→ Analizar las etapas de *inbound*.

→ Conocer el *marketing* de permiso.

→ Identificar el *e-mail marketing*.

→ Analizar el A/B *testing*.

1. Introducción

Todas las empresas tienen un objetivo común que es ofrecer un producto o un servicio a cambio de obtener un beneficio. Para conseguir sus objetivos, la empresa debe llegar hasta el consumidor final, es decir, debe ser capaz de captar y fidelizar a los clientes, para conseguir esto surge el *marketing*.

Mediante el *marketing* se investiga el mercado para conocer lo que el cliente necesita y ofrecer aquellos productos o servicios que vayan a satisfacer sus necesidades.

Con la llegada de la era de internet y la digitalización, el *marketing* ha evolucionado, teniendo que adaptarse al cambio en las nuevas tecnologías y a la aparición de nuevas herramientas o plataformas, llegando hasta lo que hoy en día se conoce como *inbound marketing,* un nuevo enfoque de *marketing* digital que ha revolucionado este mundo.

Para adentrarnos en este concepto analizaremos la situación de la empresa a Inmoal S. L., que necesita mejorar su estrategia para atraer a clientes potenciales de forma natural, estableciendo una conexión con ellos, de forma que se establezca una relación cercana, de confianza y compromiso.

2. *Inbound Marketing* vs *Marketing* de contenidos

 HILO CONDUCTOR

Claudia es la gerente de *marketing* de la empresa Inmoal S. L., va a lanzar una campaña de publicidad en redes sociales y necesita conocer qué hay de diferente entre el *inbound marketing* y el *marketing* de contenidos.

El ***inbound marketing,*** o *marketing* de atracción, consiste en captar nuevos clientes proporcionándoles información que les sea interesante mediante varios medios propios del *marketing* de contenidos (redes sociales, SEO, blogs, etc.), creando, de esa forma, conocimiento de marca e interés por los productos de la empresa.

NOTA

El *inbound marketing* es diferente al *marketing* tradicional, ya que se centra en asentar la relación con los clientes a largo plazo.

En contraposición con el *inbound marketing* está el **outbound marketing,** que es como se entiende el *marketing* de manera tradicional. En concreto el *outbound marketing* es la estrategia de comunicación adoptada por la empresa, donde se muestra lo que ofrece el producto o servicio que se comercializa intentando convencer a los consumidores de que deben adquirirlo.

Podemos ver los diferentes **canales de comunicación** que utiliza el *inbound marketing* y el *outbound marketing:*

Para desarrollar el *inbound marketing* de forma eficiente es necesario contar con las **herramientas** necesarias como pueden ser:

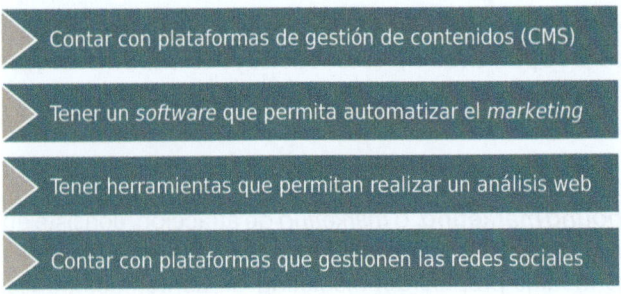

Tradicionalmente, el *marketing* se basaba en crear anuncios que irrumpían cuando los potenciales clientes estaban viendo la televisión, escuchando la radio, leyendo revistas o en paneles o vallas de publicidad, pero con el *inbound marketing,* la forma de actuar es diferente, puesto que basándose en internet y las redes sociales, son los potenciales clientes los que buscan los productos o servicios, es decir, se trata de atraer a los clientes, no de interrumpirles para llamar su atención.

IMPORTANTE

Para conseguir un *inbound marketing* efectivo la empresa debe crear contenido que satisfaga las necesidades de los clientes.

Para comprender mejor la estrategia *inbound marketing* se deben conocer cuáles son los **elementos principales:**

- ⮩ **Creación de contenido de calidad.** Estrategia que se basa en que el contenido sea valioso e importante para los posibles clientes. Para ello, se utilizan blogs, infografías o vídeos, de forma que se muestre a los clientes cómo el producto o servicio puede ayudarles a cubrir su necesidad.
- ⮩ **Utilización de estrategias SEO.** Se basa en estrategias de optimización de motores de búsqueda, es decir, posicionamiento en los principales buscadores de internet.
- ⮩ **Estrategia basada en redes sociales.** Se trata de aprovechar las plataformas para compartir contenido y así, aumentar la presencia de la empresa en internet. Las redes sociales son fundamentales para que el *inbound marketing* funcione correctamente.

En concreto, el *inbound marketing* parte de la idea de que hay que crear contenido y compartirlo con un público objetivo par así captar clientes y mantener con ellos una relación permanente.

NOTA

Con la aparición del *marketing* digital y las nuevas formas de interactuar de los consumidores, las empresas necesitan nuevas estrategias para acceder a la

Continúa en página siguiente >>

<< Viene de página anterior

mayor cantidad de individuos posibles y mantener la relación con los clientes y es mediante el *inbound marketing* la mejor forma de conseguirlo, ya que esta estrategia de posicionamiento digital ayuda a las empresas a obtener muy buenos resultados.

 ACTIVIDAD COMPLEMENTARIA

4. Investiga en internet y analiza cómo una empresa puede implantar una estrategia inbound marketing para promocionar su marca. ¿Cómo puede beneficiar esta estrategia a una empresa?

2.1. ¿Qué es el *marketing* de contenidos?

El modo en el que una persona adquiere un producto o un servicio ha cambiado. Ya no basta con conocer que existe un determinado artículo o servicio, sino que los consumidores hacen una labor de investigación sobre la marca o la propia empresa, antes de hacer la compra.

Por ello, surge la necesidad de un *marketing* de contenidos, donde el valor está en el contenido, es decir, la información que se proporciona a los posibles clientes.

 DEFINICIÓN

Marketing de contenidos
Es el que crea contenido de importancia para el público objetivo. Publica y distribuye dicha información con la finalidad de atraer nuevos clientes.

El *marketing* de contenidos es muy importante, ya que ayuda a la empresa a mejorar su posicionamiento en internet e incrementar las ventas.

Igual de importante es el contenido que se publica como la periodicidad con la que se hace, para poder desarrollar una relación a largo plazo con el público objetivo.

En definitiva, el *marketing* de contenidos permite a la empresa:

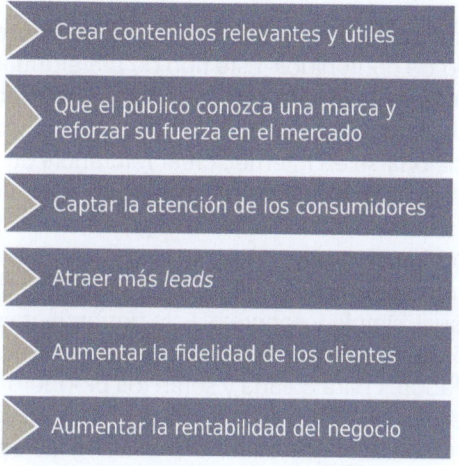

Crear contenidos relevantes y útiles

Que el público conozca una marca y reforzar su fuerza en el mercado

Captar la atención de los consumidores

Atraer más *leads*

Aumentar la fidelidad de los clientes

Aumentar la rentabilidad del negocio

Contar con una estrategia de *marketing* de contenidos permite a la empresa reducir costes, ya que se requiere de pocos instrumentos para ponerla en marcha.

Para desarrollar el *marketing* de contenidos se requiere:

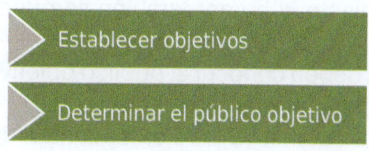

Establecer objetivos

Determinar el público objetivo

Continúa en página siguiente >>

<< Viene de página anterior

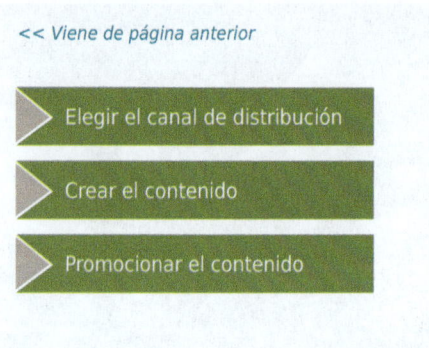

Elegir el canal de distribución

Crear el contenido

Promocionar el contenido

Tipos de *marketing* de contenidos

El *marketing* de contenidos se desarrolla mediante diferentes formatos audio, texto, vídeo, etc. Este *marketing* se desarrolla mediante diferentes **tipos de publicaciones,** entre los que se encuentran:

- **Blogs.** La publicación mediante blogs es uno de los principales tipos de *marketing* de contenidos. Este tipo de plataformas son muy usadas por las empresas que aprovechan que es una forma fácil y rápida de publicar contenido. Todo el mundo puede tener un blog y a las empresas les sirve para posicionarse en internet, crear referencia de la marca y comercializar sus productos. Para sacarle partido es necesario tener conocimientos SEO y crear contenido que atraiga a los consumidores, el cual será creado por un bloguero.
- **Infografías.** Este tipo de contenido consiste en resumir la información de forma visual, simple y concreta. Esta herramienta se puede incluir en un blog o difundirse mediante las redes sociales. Necesita de la experiencia de diseñadores para crearla y serán los blogueros los que redactarán el contenido. Se pueden crear plantillas para su utilización.
- **Vídeos.** Otro canal que utiliza el *marketing* de contenidos es mediante vídeos. La plataforma que más se utiliza es *YouTube*. Este sistema cuenta con el inconveniente de que realizar y producir un vídeo es más complejo, pero suele reflejar mejores resultados que el texto.
  Los vídeos pueden combinar texto, imágenes y sonidos, donde se explica cómo es el producto y dónde se puede ver, cómo se utiliza y para qué sirve. También se pueden hacer vídeos cortos o divertidos que se aprovechan en las redes sociales como *Facebook, Instagram* o *TikTok.*
- **Memes.** Mediante el humor también se pueden captar consumidores. Son imágenes y vídeos que buscan entretener. Para que sean factibles las empresas deben conocer al público objetivo y las plataformas donde se puede acceder a ellos fácilmente.
- ***E-books.*** Otra alternativa para crear contenido son los *e-books,* donde se escribe un texto, normalmente largo, donde se da información a los

consumidores sobre un tema concreto. Son como unos tutoriales o guías donde se ve la información del producto o servicio. Puede desarrollarse mediante un boletín informativo o una *newsletter*.

⊃ **Testimonios.** Esta opción genera contenido mediante las aportaciones o testimonios de los clientes. Es como el boca a boca, pero utilizando internet, donde el testimonio de clientes satisfechos provoca mejorar la imagen de la empresa. El inconveniente es si algún cliente aporta un comentario negativo.

⊃ *Marketing* **de** *influencer.* Es una práctica que está en auge, ya que consiste en utilizar a usuarios públicos de redes sociales para crear contenido de un producto o de una marca compartiéndolo con sus seguidores. Se colabora con *influencers* que tienen bastantes seguidores y apoyan una determinada marca, lo que hace incrementar las ventas de forma exponencial.

Cada uno de estos tipos de publicaciones tienen sus ventajas, en ocasiones, la estrategia de *marketing* de contenidos se configura por varias opciones o solo por una, dependiendo del tipo de empresas y del tipo de consumidores a los que se quiera llegar.

APLICACIÓN PRÁCTICA

Julián, un jugador profesional, tiene un canal donde sube vídeos jugando a videojuegos de una determinada marca y comentando cómo se juega al mismo. Además, interactúa en tiempo real con otros usuarios o jugadores. ¿Qué tipo de *marketing* de contenidos se está utilizando en este caso?

Solución

En este caso, se difunde contenido mediante una persona especialista en videojuegos que muestra su opinión o enseña a jugar a un determinado juego a otros usuarios, por tanto se trata de *marketing* de *influencer*.

- -

2.2. Comparación entre el *inbound marketing* y el *marketing* de contenidos

Inbound marketing y *marketing* de contenidos son conceptos que tienden a confundirse y se suele pensar que es lo mismo, pero no es así. En concreto, ambos se basan en crear contenido para llamar la atención a los consumidores finales, pero se puede entender que el *marketing* de contenidos es un apoyo al *inbound marketing,* ya que este último no podría existir sin el otro tipo de *marketing.* Se asientan en los mismos principios, pero tienen **puntos de vista** diferentes:

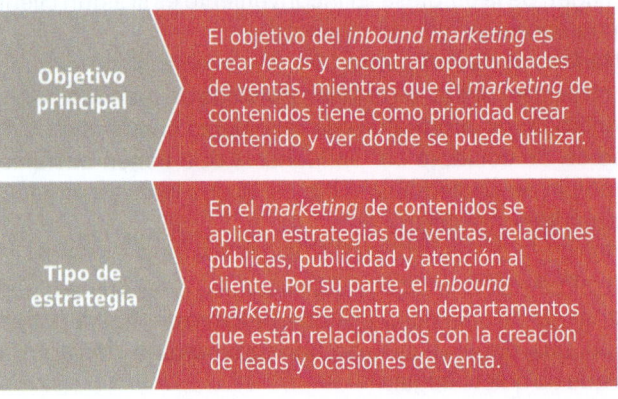

Objetivo principal	El objetivo del *inbound marketing* es crear *leads* y encontrar oportunidades de ventas, mientras que el *marketing* de contenidos tiene como prioridad crear contenido y ver dónde se puede utilizar.
Tipo de estrategia	En el *marketing* de contenidos se aplican estrategias de ventas, relaciones públicas, publicidad y atención al cliente. Por su parte, el *inbound marketing* se centra en departamentos que están relacionados con la creación de leads y ocasiones de venta.

Estos tipos de *marketing* tienen una relación muy estrecha, ya que mediante el *marketing* de contenidos se crea y se publica el contenido para conseguir el *inbound marketing,* que es atraer a los consumidores hacia ese contenido y hacer que se conviertan en *leads* y, posteriormente, en clientes de la marca.

 PARA SABER MÁS

El *marketing* de contenidos puede hacerse sin el *inbound marketing,* pero no al contrario. Para profundizar en esta disyuntiva, se puede consultar accediendo desde aquí:

https://redirectoronline.com/adgd366po0201

3. Etapas de *Inbound*

☞ HILO CONDUCTOR

Una vez conocido lo que es el *inbound marketing* y el *marketing* de contenidos, el director de *marketing* de la empresa Inmoal S. L. quiere poner en marcha estos conceptos, partiendo de la necesidad de difundir sus servicios en las redes sociales, para así atraer a más clientes. Sabe que la creación del contenido es por donde debe empezar, pero necesita conocer qué etapas tiene el *inbound marketing* para implantar esta estrategia con éxito.

- -

En concreto, las **etapas** del *inbound marketing* son:

- **Atraer.** Esta primera etapa lo que busca es captar la atención de los potenciales clientes y atraerlos a la empresa. Para ello se debe crear contenido de calidad, optimizar los motores de búsqueda y utilizar canales como redes sociales o blogs de internet.
  En esta etapa, el objetivo es captar la atención de los clientes potenciales y atraerlos hacia tu marca. Esto se logra mediante la creación de contenido de calidad, optimizado para los motores de búsqueda y compartido a través de diferentes canales, como blogs, redes sociales y vídeos.
- **Convertir.** En segundo lugar, hay que convertir a los individuos atraídos en *leads* (clientes potenciales), para ello se utilizan formularios y llamadas donde se recoge información de contacto de los posibles clientes que están interesados en lo que ofrece la empresa. Esta gestión se hace de forma más fácil, mediante un CRM.
- **Cerrar.** En esta etapa se busca cerrar las ventas y convertir a los *leads* en clientes finales.
  Para conseguirlo es fundamental enviar contenido necesario y realizar un seguimiento activo de los *leads,* para llegar a que se conviertan en clientes y cerrar el proceso de venta. Para ello será necesario contar con herramientas de automatización del *marketing.*
- **Fidelizar.** La última etapa consiste en fidelizar a los clientes, es decir, hacer que se sientan bien con el producto adquirido mediante el servicio al cliente, y ellos se convertirán en promotores de lo que han adquirido. En concreto, se convierten en clientes leales y difunden a la empresa mediante el boca a boca.

Hay que destacar que las funciones del *software* CRM se integran con los objetivos del *inbound marketing,* ambos términos parten de la idea de que teniendo información se entiende el comportamiento de los clientes y así se optimizan las ventas. Por ello, cuando se decide implantar una estrategia de *inbound marketing* es esencial disponer de un CRM.

 ## PARA SABER MÁS

Para saber qué permite el *inbound marketing*, puedes ampliar información accediendo desde aquí:

https://redirectoronline.com/adgd336po0202

Desde que surgió el concepto de *marketing* este se basó en realizar interrupciones mediante anuncios publicitando los productos o servicios de las empresas, pero con el *marketing* digital ha surgido la necesidad de adaptarse hasta llegar al *inbound marketing,* que es la mejor estrategia que se puede seguir para atraer y conservar clientes.

Las empresas saben que invertir en una estrategia de *inbound marketing* genera grandes beneficios, tanto si se trata de un negocio pequeño como si es de mayores dimensiones. En definitiva, los beneficios que provoca esta estrategia son:

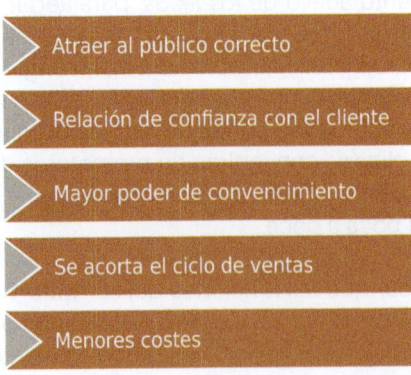

El *inbound marketing* permite medir los resultados de esta estrategia digital de forma continua. Es importante evaluar y realizar un seguimiento sobre los resultados, para así determinar lo que está funcionando y lo que no.

NOTA

Mediante los indicadores conocidos como KPI se pueden evaluar los resultados de las estrategias de *marketing* digital de forma rápida y sencilla.

 ACTIVIDAD COMPLEMENTARIA

5. Busca en internet dos empresas que hayan alcanzado el éxito gracias a implantar una estrategia de *inbound marketing*.

---

4. *Marketing* de permiso

 HILO CONDUCTOR

La empresa Inmoal S. L. es consciente de la importancia del *marketing* para captar clientes y también de lo fundamental que es que exista una buena relación entre los posibles compradores y la marca, para lo que debe desarrollar una estrategia conocida como *marketing* de permiso.

Una práctica muy extendida por las empresas es captar clientes mediante el envío masivo de correos, pero esto provoca que los usuarios se muestren reacios a este tipo de publicidad, ya que llega a colapsar los correos. Esta estrategia digital ha resultado ser muy molesta y atenta contra los principios de privacidad. Para proteger esto, nace el *marketing* de permiso o *permission marketing*.

SABÍAS QUE...

Fue un expresidente de *marketing* de la empresa *Yahoo*, Seth Godin, quien, en el año 1999, desarrolló la estrategia del *marketing* de permiso, basada en que son los usuarios los que deben decidir y dar permiso a las empresas que envían publicidad.

Este tipo de estrategia de *marketing* está muy relacionada al *e-mail marketing,* puesto que el envío de publicidad se hace mediante correos electrónicos. La idea es que sean los usuarios los que den su consentimiento para que se les envíe publicidad y que ellos mismos puedan cesarlo en el momento que deseen.

Marketing campaign
management

Video content
marketing

Email
marketing

En concreto, el marketing de permiso hace referencia a la relación que tienen los consumidores o clientes potenciales con una determinada empresa o marca.
La empresa les solicitará permiso antes de enviarles información sobre algún producto o servicio.

De esta forma, el potencial cliente muestra interés por el producto o servicio que se está ofreciendo, lo que provoca que la empresa esté segura de que la información que va a transmitir será escuchada y valorada.

En definitiva, en el *marketing* de permiso, los responsables de la estrategia de *marketing* deben pedir permiso a los potenciales clientes antes de enviarle publicidad o información comercial. Este tipo de *marketing* configura una relación a largo plazo con el consumidor, lo que conlleva a que se le hagan ofertas por su atención en los mensajes que recibe.

IMPORTANTE

Para que esta estrategia funcione es fundamental solicitar el permiso a los potenciales clientes, no sirve usar bases de datos antiguas o compradas. Para conseguirlo, se pueden poner formularios de inscripción en el entorno web de la empresa, de forma que se pide el consentimiento a la vez que la información del cliente.

- -

4.1. ¿Cómo crear el *marketing* de permiso?

Para poder aplicar una estrategia eficiente de *marketing* de permiso se debe contar con las siguientes **fases:**

- ⮞ **Incentivos.** Ofrecer algún incentivo, de forma que el cliente muestra su interés en la empresa y da su permiso para poder dirigirse a él.
- ⮞ **Oferta de productos o servicios.** Cuando ya se cuenta con el permiso del individuo, la empresa puede dirigirse a él y ofrecerle información sobre lo que ha solicitado. En esta etapa se pretenden conocer cuáles son las necesidades o preferencias del consumidor.
- ⮞ **Contacto permanente.** Se debe seguir en contacto con el cliente a lo largo del tiempo, garantizando, de esa forma, un trato personalizado.

Cuando la relación comercial entre el cliente y la empresa avanza, el cliente se pone en contacto con la empresa de forma más periódica y mejora su confianza en ella. Por su parte, la empresa busca fidelizarlo, lo que permite remitirle información sobre otros productos que pueden serle de interés.

4.2. Pilares del *marketing* de permiso

El *marketing* de permiso se basa en enviar publicidad bajo el permiso concedido por los usuarios. Esto, principalmente, se hace mediante el *e-mail,* por ello es necesario tener presente:

> Establecer el perfil de consumidor al que se dirige la empresa

Continúa en página siguiente >>

<< Viene de página anterior

> No se trata solo de vender, sino de crear contenido de valor importante para los usuarios

Para desarrollar una estrategia de *marketing* de permiso es necesario contar con unas premisas básicas en las que se fundamente dicha estrategia, en concreto, los **pilares** sobre los que se asienta esta estrategia son:

1. **Anticiparse.** Lo primero que se debe hacer es anticiparse, es decir, el cliente debe dar su consentimiento para poder enviarle información.
   El potencial cliente debe dar su consentimiento para poder recibir información sobre novedades de productos o servicios, nuevas promociones, descuentos o novedades que surjan.
2. **Comunicar.** En segundo lugar, es esencial una comunicación con el cliente potencial, para así poder establecer una relación entre la empresa y el cliente de confianza.
   La forma más habitual de comunicación con el cliente potencial suele ser mediante un correo electrónico, ya que es un medio de comunicación rápido y eficaz.
   Lo que es importante es establecer un canal de comunicación bidireccional rentable, para así poder conocer de una forma más exhaustiva al público objetivo al que dirigir las acciones de *marketing*.
3. **Relevancia.** En tercer lugar, hay que tener en cuenta que para que la estrategia del *marketing* de permiso sea rentable, el contenido de la información que la empresa quiera enviar a sus potenciales clientes debe ser relevante y, siempre que sea posible, personalizado, adaptado a las necesidades y gustos, tanto de los clientes como de los potenciales clientes.
   Tener una base de datos de clientes o potenciales clientes, que han prestado su consentimiento para recibir información, garantizará un *feedback* más preciso, sabiendo qué contenido es el que se debe crear para conseguirlo.
   Contar con una estrategia de *marketing* de permiso requiere actualizaciones periódicas de los usuarios que se incluyen en la base de datos de la empresa, para así poder conocer en profundidad al público objetivo y segmentarlo de forma más eficiente.

Independientemente del tamaño de la empresa, estos tres pilares son los que van a permitir asentar una buena estrategia de *marketing* de permiso.

4.3. Tipos de permisos

Existen diferentes **tipos de estrategias del** *marketing* **de permiso,** dependiendo de cómo se consiga el permiso, el cual permitirá que esta sea más o menos personal. A continuación, podemos verlos:

- ⮞ **Permiso explícito.** Este permiso lo da directamente el propio usuario, ya que tiene interés directo en recibir información sobre un determinado producto o servicio. Permite a la empresa conocer exactamente qué es lo que le interesa al futuro cliente.
- ⮞ **Permiso implícito.** Este tipo de permiso se obtiene cuando un individuo se registra en una página web o mediante un formulario de registro, ante un interés por algo que oferta la empresa.
- ⮞ **Permiso secundario.** Este tipo de permisos no los da directamente el usuario, se obtienen comprando bases de datos, es decir, es un permiso a través de intermediarios. Hay que tener cuidado con esta práctica, ya que puede ser que los usuarios no conozcan que han cedido sus datos para esta finalidad y no tengan interés por lo que se les va a ofrecer, lo que conllevará una confrontación con el consumidor, y puede derivar en que perciba a la empresa de forma negativa.

Hay situaciones en los que los consumidores dan su consentimiento sin prestar atención, ya que están más enfocados en recibir ofertas o descuentos por parte de las marcas que aprovechan este tipo de reclamos para solicitar dicho consentimiento de enviar publicidad. Esto puede provocar un problema para la empresa. Para no tener conflictos, será necesario proporcionar al usuario la posibilidad de revocar el consentimiento, si llegan a la conclusión de que no quieren recibir información de una determinada marca.

 IMPORTANTE

Que un consumidor o usuario dé su consentimiento ante una determinada acción que haga la empresa, no quiere decir que este sea de por vida, por lo que, en el momento en que el cliente no quiera recibir más información de la empresa, esta debe hacer lo posible para que esto pase.

TAREA 4

Elías quiere adquirir un coche y ha accedido a la web de una importante empresa de compra de automóviles, donde ha tenido que cumplimentar un formulario con sus preferencias e indicar sus datos de contacto. Junto a esto, ha marcado una casilla donde acepta el envío de comunicaciones comerciales. ¿Qué tipo de consentimiento para realizar el *marketing* de permiso se está realizando en esta situación?

4.4. Beneficios y ventajas del *marketing* de permiso

Implantar una estrategia de *marketing* de permiso es efectivo y aporta una gran rentabilidad a la empresa, ya que la marca parte con todo a su favor, sabiendo que aporta información sobre su producto a usuarios interesados en él. Este *marketing* permite una mejor confianza entre la empresa y el cliente potencial, lo que propicia en una buena imagen de marca y le lleva a conocerla de forma más amigable.

NOTA

El *marketing* de permiso suele crearse a largo plazo, ya que el cliente tendrá una relación duradera, esto provoca que se le preste una atención más personal y con contenido de mayor valor.

En definitiva, esta estrategia de *marketing* permite a la empresa:

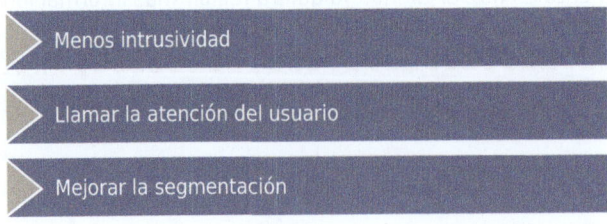

Menos intrusividad

Llamar la atención del usuario

Mejorar la segmentación

Continúa en página siguiente >>

<< Viene de página anterior

> Mejorar el contenido o mensaje que se quiere transmitir

> Mejora la personalización en el usuario

Este tipo de estrategia es bastante eficaz, ya que el consumidor se centrará en atender la información o publicidad recibida de la marca que realmente le interesa, ya que es él mismo el que ha prestado su consentimiento.

5. *E-mail Marketing*

👉 HILO CONDUCTOR

Los comerciales de la empresa Inmoal S. L. suelen pedir a sus potenciales clientes su *e-mail*, de manera que le envían información sobre los inmuebles que se adaptan a sus gustos y preferencias a su correo electrónico. Este tipo de práctica es el *e-mail marketing*, una buena forma de relacionarse con los consumidores y convertirlos en clientes fieles y satisfechos.

El correo electrónico o *e-mail* se ha convertido en una herramienta con la que trabajamos a diario y consultamos con frecuencia, por eso, las empresas ven este sistema como una opción para captar clientes a través del *marketing*. Es aquí donde surge el *e-mail marketing*, en el que la comunicación empresa-cliente gira en torno al envío de correos electrónicos.

IMPORTANTE

El *e-mail marketing* es un canal directo, ya que la información llega directamente a los usuarios a través de su bandeja de entrada.

El *e-mail marketing* permite a las empresas enviar *e-mails* de forma masiva a los grupos de contactos segmentados, haciendo más sencillo y directo el proceso.

SABÍAS QUE...

La automatización y la inteligencia artificial ayudan a mejorar esta estrategia, permitiendo personalizar los *e-mails* de forma rápida, consiguiendo así mayores beneficios.

El *e-mail marketing* suele utilizarse para llevar a los potenciales clientes al embudo de conversión y mejorar su recurrencia a la empresa, así como su fidelidad a la marca.

Es importante que una empresa tenga una estrategia de *e-mail marketing*, ya que, en caso de no tenerla, estaría perdiendo la oportunidad de tener un contacto directo con los clientes. Es una opción que genera contenido importante y de gran valor.

IMPORTANTE

El *e-mail marketing* es una buena opción porque llega a multitud de individuos que pueden convertirse en clientes para la empresa.

Hoy en día, todo el mundo tiene un correo electrónico al que acceden, incluso desde el móvil, por lo que es fácil llegar a las personas por esta vía, ya que consiste en enviar un mensaje, garantizándose de que lo va a ver.

Hoy en día el e-mail marketing está muy incluido dentro del formato del móvil, surgiendo así el mobile e-mail marketing.

PARA SABER MÁS

El *e-mail marketing* es una estrategia necesaria en cualquier empresa si se quiere llegar de forma correcta a los clientes. Para profundizar en este concepto puedes ver un vídeo, accediendo desde aquí:

https://redirectoronline.com/adgd336po0203

5.1. Tipos de *e-mails*

Existen diferentes tipos de estrategias de *e-mails marketing* que se pueden poner en práctica, siempre teniendo en cuenta qué objetivo persigue la empresa y cuál es el tipo de público al que dirigirse.

Hay muchos tipos de e-mails que pueden poner en práctica las empresas dentro de su estrategia de marketing.

En definitiva, los principales **tipos de *e-mails*** serán:

Promocionales · Manuales · Automatizados

A continuación, ahondaremos en cada uno de estos tipos de *e-mails,* para conocer en qué consisten.

E-mails promocionales

Aquellos *e-mails* que busquen fidelizar, incrementar las ventas o tener una prospección son los promocionales. En concreto, se centran en algunos productos o servicios. Tiene como objetivo convertir al producto en el centro y, para ello, necesita que exista una correcta segmentación para así dirigirse al público objetivo que realmente esté interesado en lo que se oferta.

Suelen usarse para lanzar ofertas especiales o potenciar un nuevo producto o servicio.

Estos *e-mails* promocionales buscan llamar la atención sobre una acción, ya que buscan influir en el individuo, de forma que se le puede alentar, por ejemplo, a que canjee un cupón de descuento al hacer una compra o que acceda a un sitio web en concreto.

 SABÍAS QUE...

En la campaña de lanzar nuevos productos o servicios, el envío *e-mails* promocionales puede estar compuesto de entre 3 a 10 correos electrónicos, que se remiten a los usuarios a lo largo de varios días o semanas, lo que dure el proceso promocional.

E-mails manuales

Existen *e-mails* que se envían manualmente, es decir, cuando la empresa considera que es necesario para el negocio. Estos tipos de *e-mail* manuales pueden ser:

- ◔ **Newsletter.** Este tipo de *e-mails* son aquellos que envían una información genérica, donde es posible hablar de diferentes cuestiones, mediante contenidos que estén relacionados con los productos de la empresa, a la vez que se informa de los logros que consigue la marca.
Mediante la *newsletter* se permite dar información, conservar una relación y crear tráfico.
La frecuencia con la que se realice esta práctica puede ser tanto diaria, semanal, como bimensual, es decir, como quiera la empresa, pero sí es importante tener una periodicidad definida.
- ◔ ***E-mails* estacionales.** Son los que las empresas envían en unas determinadas fechas como por ejemplo navidad, el día de la madre o del padre, San Valentín, Black Friday, etc. Lo que se busca es mostrar al público que la empresa está comprometida con determinadas fechas especiales o momentos del año, ofreciendo descuentos con un período de validez limitado al evento que se realice.
- ◔ ***E-mails* de fidelización.** Permite fidelizar a los clientes y aumentar las ventas. Suelen enviarse cuando se han realizado un número determinado de pedidos.
- ◔ ***E-mails* de reactivación.** Se trata de reactivar a aquellos clientes que llevan un determinado tiempo sin adquirir productos o servicios. Para ello, el asunto del *e-mail* debe ser llamativo y se debe emitir una oferta que haga reaccionar a los clientes.

E-mails automatizados

En ocasiones, se pueden automatizar los correos, lo que implicará ahorrar tiempo y costes. Este tipo de *e-mail* se personalizará en función de la información que se tiene del individuo, pero se envían de forma automática.

 EJEMPLO

Un ejemplo de *e-mails* automatizados pueden ser aquellos que se envían cuando se realiza una compra o cuando se suscribe un individuo a un boletín informativo.

La empresa puede determinar la secuencia de *e-mails* que quiere enviar.

Un tipo automatizado es el *e-mail* transaccional, que son aquellos que se envían después de realizar la operación, es decir, el pedido y el pago. También forman parte de este tipo los *e-mails* de confirmación de alguna reserva o de bienvenida.

 APLICACIÓN PRÁCTICA

Joaquín es técnico de *marketing* en una empresa de servicios informáticos. Un cliente se ha puesto en contacto con la empresa mediante un formulario para poder restablecer una contraseña y acceder a la web para consultar los artículos. ¿Qué tipo de *e-mail marketing* se está realizando?

Solución

El hecho de restablecer una contraseña es algo automático, al cumplimentar los datos del formulario de forma instantánea, se le propondrá al usuario reestablecer dicha contraseña, por lo que se trata de un *e-mail* automatizado.

5.2. Embudo de ventas en *e-mail marketing*

El **embudo de ventas o conversión,** como también se denomina, es una forma de referirse a las fases que tiene el ciclo de venta. En concreto este embudo de ventas en una estrategia de *e-mail marketing* que pasa por las siguientes **fases:**

- ⮞ **Recepción bandeja de entrada.** Lo primero es que llega la información a través de la bandeja de entrada. Esto provoca un primer acercamiento con el cliente potencial, al que le llega este *e-mail* porque ha cumplimentado un formulario de contacto o interés en alguno de los productos de la empresa. De esta forma, acepta ser incorporado en la base de datos de la empresa y a que esta le envíe sus promociones o publicidad.
- ⮞ **Apertura.** En segundo lugar, si se ha llamado el interés del usuario, se abrirá el *e-mail,* para leerlo e interesarse por su contenido.
- ⮞ **Enlace.** Con carácter general, se envía un enlace al usuario donde aparecerá un enlace o *link* que lo redirigirá a la web de la empresa, donde podrá ver las características del producto, así como las acciones promocionales que se estén llevando a cabo.
- ⮞ **Inicio de conversión.** En esta fase, la empresa ha conseguido que el usuario pulse en el enlace y lo ha llevado a donde ha querido, es decir, donde están los productos para poder adquirirlos.
- ⮞ **Conversión.** En esta última fase ya el usuario compra el producto convirtiéndolo en cliente final.

Para que el proceso de *e-mail marketing* sea beneficioso, es decir, que no sea muy costoso y no se pierdan ventas, las empresas deberían seguir estas recomendaciones:

- ⮞ Utilizar un *software* que ayude en la gestión de los correos.
- ⮞ Obtener correos de bases de datos legales en consonancia con la normativa de protección de datos.
- ⮞ Segmentar a los contactos por grupos para personalizar mejor los mensajes.
- ⮞ Contar con plantillas de *e-mail* que permitan tener un diseño adecuado y profesional.
- ⮞ Mantener actualizados los contactos.
- ⮞ Permitir darse de baja cuando los contactos lo deseen.
- ⮞ Personalizar los *e-mails,* dirigiéndose directamente al contacto, por ejemplo, nombrándolo por su nombre cuando se realiza una comunicación.

5.3. Beneficios y ventajas del *e-mail marketing*

Entre los **beneficios** que aporta contar con una estrategia de *e-mail marketing* se encuentran:

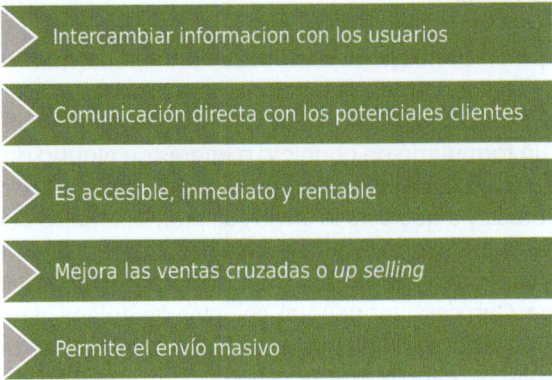

Intercambiar informacion con los usuarios

Comunicación directa con los potenciales clientes

Es accesible, inmediato y rentable

Mejora las ventas cruzadas o *up selling*

Permite el envío masivo

Los expertos en *marketing* determinan que utilizar adecuadamente el *e-mail marketing* es el método *online* más beneficioso, incluso más que hacer publicidad por redes sociales, ya que el *e-mail* permite personalizar la relación con cada cliente, para que esto sea así, es importante saber diseñar la estrategia y evitar que los correos electrónicos queden como *spam,* para ello se trata de:

- ⮑ **Conseguir que los usuarios se registren en la base de datos.** Esto se consigue aprovechando cada interacción que el usuario haga con la empresa.
- ⮑ **Enviar correos con contenido relevante.** Es importante que los *e-mails* que se envíen sean con contenido de calidad, que ayuden a resolver problemas presentes para los clientes.
- ⮑ **Realizar diferentes campañas.** Es importante saber cuándo se deben enviar los mensajes, así como qué tipo de mensajes son adecuados, para ello habrá que jugar con los tipos de asuntos, la extensión de la información o el contenido.
- ⮑ **Presentación correcta.** Es importante que los *e-mails* se envíen de forma que llamen la atención del usuario, pero que también estén bien redactados, que no haya faltas de ortografía, que se produzca una buena imagen del contenido, etc.

6. A/B *testing*

☞ HILO CONDUCTOR

El director de *marketing* de la empresa Inmoal S. L. necesita analizar el comportamiento de sus usuarios para modificar su estrategia web y aportar más valor a los clientes. Para ello, le han hablado de los A/B *testing*, pero es un concepto nuevo para él y necesita saber en qué consiste y cómo puede ayudarle esta herramienta.

El A/B *testing* es como un análisis donde se presenta un contenido de dos formas diferentes, para así comparar el comportamiento de los usuarios ante las dos opciones y verificar cuál de ellas es la que consigue mejores resultados. La alternativa a que tenga mejores resultados se conoce como "versión ganadora".

Estos test A/B sirven para analizar cómo se relacionan los usuarios con el entorno web de la empresa y ayudan a que los visitantes se conviertan en *leads* y en clientes.

IMPORTANTE

En el ámbito del *marketing* digital, el A/B *testing* se considera como un proceso mediante el cual se presentan dos versiones de una misma página web a diferentes grupos de visitantes al mismo tiempo, de forma que se permite comparar cuál de las dos opciones genera más conversiones en clientes.

Las empresas suelen realizar este tipo de test A/B para principalmente detectar carencias en las webs de cara a los visitantes, aumentar los *leads* y clientes finales o minimizar la tasa de rebote.

Hacer una A/B *testing* permite a la empresa:

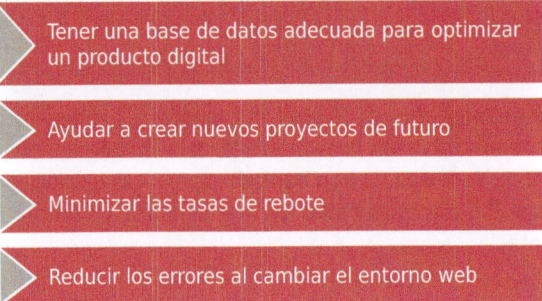

Tener una base de datos adecuada para optimizar un producto digital

Ayudar a crear nuevos proyectos de futuro

Minimizar las tasas de rebote

Reducir los errores al cambiar el entorno web

Este método funciona dividiendo a los visitantes web en dos, uno será el grupo A y otro el grupo B. Lo que se pretende es comparar qué porcentaje de personas realizan las acciones que se desean en cada uno de los grupos, como, por ejemplo, hacer clic en un determinado enlace, rellenar un formulario, realizar un proceso de compra, etc.

Una vez obtenidos los resultados, habrá que analizarlos y evaluarlos en función del comportamiento que ha tenido cada usuario para así tomar una decisión que ayuda a las estrategias de *marketing*.

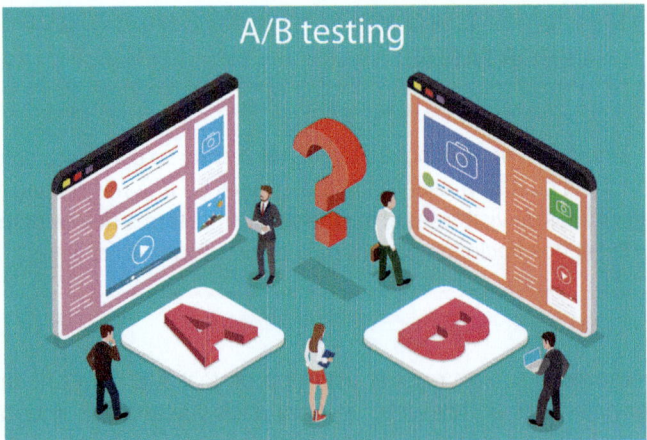

El A/B testing permite a la empresa determinar qué cosas funcionan y cuáles no en una estrategia de marketing, permitiendo analizar qué elementos son los que producen más rentabilidad e incrementan los beneficios.

6.1. Tipos de pruebas A/B

Con el A/B *testing* se podrán realizar cambios en los diferentes **componentes** del entorno web, en concreto se puede revisar y modificar:

- Ubicación de los diferentes componentes.
- Funciones que aparecen tras un *pop-up*.
- Ubicación de la barra de redes sociales.
- Funciones de las imágenes en un blog.
- Influencia de las apariencias y los colores de los diferentes componentes de una página web.
- Tipografía que se usa en el título o en el cuerpo de los textos en un blog.
- Manera de presentar los diferentes precios de los artículos.
- *Copy* en *landing pages* y otras páginas.
- Favoritismo por vídeo o texto en una *landing page.*
- Cuál es el tipo de formulario más efectivo en la página de inicio.
- Localización y extensión de los formularios.
- *Click though rate* (CTR) y otros KPI.
- Títulos y cuerpos en la descripción de los productos.
- Estructura de la página web.
- Forma de mostrar el precio de los productos o servicios y las ofertas o promociones.

NOTA

Landing pages son páginas web que buscan convertir a un visitante en un cliente. Lo que se pretende es persuadir al visitante, por eso solo se centran en lo que se ofrece y no incluyen elementos innecesarios.

En concreto, los **tipos de test A/B** que se pueden utilizar son:

> **Prueba A/B simple**
> Es algo sencillo, ya que se basa en comparar una variable en dos opciones, A y B.

Continúa en página siguiente >>

<< Viene de página anterior

Prueba de más de dos opciones
También se puede probar con más de dos variables como A, B, y C. Esta suele ser la opción más completa y la que arroja mejores conclusiones.

Test multivariante
En ocasiones, cuando se quieren analizar determinadas cuestiones, como el diseño de la barra lateral o las opciones del título a la vez, se requiere un análisis múltiple a la vez, ya que se centraría en más de un aspecto de forma simultánea. Este método es complejo, puesto que requiere el análisis de múltiples variables de una misma página a la vez.

6.2. Aplicación del A/B *testing*

Para realizar el A/B *testing* se deben tener en cuenta las siguientes **acciones:**

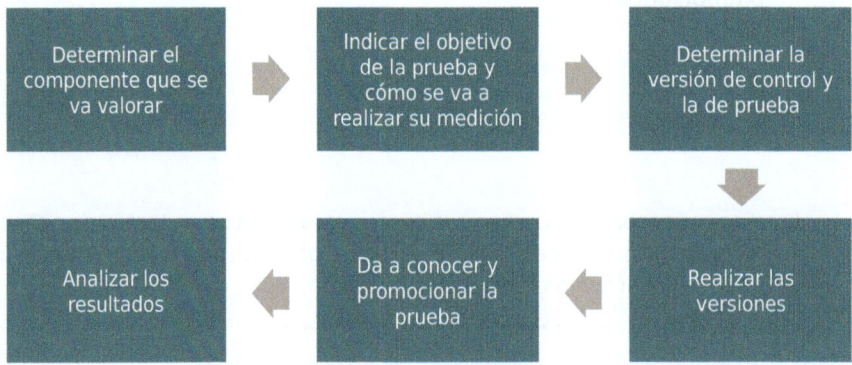

En concreto, para llevar a la práctica el A/B *testing,* se deben seguir los siguientes **pasos:**

1. **Estudio.** Lo primero que se debe hacer es analizar en profundidad la web actual, en el sentido de cómo acceden los visitantes, qué zonas son las más visitadas, qué partes son las que provocan más conversión en clientes finales, etc.
2. **Registro e hipótesis.** Se registrarán las conclusiones de la fase anterior y se crearán hipótesis, de forma que se permita aumentar las conversiones en clientes y conseguir los objetivos.

3. **Crear variaciones.** En función de las hipótesis se creará una variación para ejecutar un test A/B y comparar con una versión de control. En concreto, la variación es una versión alternativa a la que ya existe. Se basa en comparar versiones alternativas donde se incluyen los cambios que se desean con la original o de control.
4. **Realización de test.** Teniendo claro el método de *testing,* se podrá ejecutar el test. Se deberá esperar el tiempo que se estime necesario para poder comparar y obtener resultados.
5. **Resultados.** Finalizado el test, se analizan los resultados y se comprueba que este ha cumplido con su función. Si todo es correcto, se podrá valorar cuál es la opción más rentable.

6.3. Ventajas y errores

Una de las principales cuestiones que tienen que analizar los negocios *online* es la cantidad de *leads* que pasan por su web cada día, semana o mes. Otro punto que se debe analizar es la cantidad de visitantes que abandonan el carrito o la página de pago. Por esto, aplicar A/B *testing* aporta muchas **ventajas,** entre las que se encuentran:

- Resolver inconvenientes para los visitantes.
- Mejorar el ROI (retorno de la inversión) midiendo el flujo de visitantes.
- Minoración de la tasa de rebote.
- Se toman decisiones con el mínimo riesgo.
- Mejora las mediciones estadísticas.
- Rediseño web para incrementar el beneficio.

A pesar de que el A/B *testing* es un sistema que aporta beneficios a las empresas, si no se hace correctamente, puede llevar a **errores** como:

- No realizar una buena planificación, conlleva a establecer hipótesis no válidas.
- Realizar muchos test al mismo tiempo, es decir, comprobar varios elementos a la vez hace difícil extraer conclusiones.
- Hacer el *testing* con un tráfico de individuos inadecuado.
- No determinar correctamente la duración de los test.
- No establecer un A/B *testing* basado en la repetición de un test anterior, aunque haya resultado fallido.
- No tener en cuenta factores externos.
- No utilizar la herramienta adecuada.

6.4. Ejemplos

Para ver de una forma más real qué es el A/B *testing* se pueden ver algunos **ejemplos** de lo que las empresas pueden hacer y pueden conseguir con esta herramienta:

- **Estudio de precios.** Para optimizar la página donde están los precios se puede analizar entre un enfoque de precios en la versión normal, y crear una versión de prueba donde se resaltan los beneficios de adquirir el producto. Dependiendo de en cuál de las dos versiones se adquiera más el producto, la empresa se decantará por una o por otra.
- **Descuentos.** Valorar si poner determinados descuentos modifica el patrón de compra de los consumidores. Por ejemplo, en la versión normal se dejarían los artículos con su precio real y en la versión de prueba se oferta uno de esos productos con un 10 % de descuento. Esto lo que busca es resaltar un producto en concreto y buscar aumentar las ventas de ese en cuestión. Si la opción de prueba tiene más compradores, se habrá conseguido el objetivo, en caso contrario, la empresa ha averiguado que esta estrategia no le es rentable.
- **Imágenes.** Valorar si poner más o menos imágenes en las web. Las imágenes son más atractivas, ya que, con solo mirar, el consumidor adquiere el mensaje. Un ejemplo puede ser medir el nivel de conversiones en clientes finales comparando la versión original, donde se incluye solo texto, con la versión de prueba, donde se incluyen imágenes con texto.
- **Redes sociales.** El A/B se suele usar con frecuencia para establecer qué imagen es la más adecuada para los anuncios. En este caso, se comparan diferentes imágenes en las dos versiones y la que mejores resultados consiga sería la opción más rentable.
- **Pruebas URL.** Se valoran varias páginas webs alojadas en diferentes URL. Se tienen en cuenta dos o más variantes de una web dividiendo el tráfico de la página entre ellas.

TAREA 5

Una empresa quiere lanzar una campaña de *marketing* para promocionar la venta de sus productos para el confort del hogar en *Facebook*. En primer lugar, ha optado por indicar una imagen de una familia usando los productos, realizaron un A/B *testing* donde incluyeron texto y una imagen hecha con vectores (imagen digital con figuras geométricas). El resultado fue que se consiguieron 900 *leads* y la mayoría eligieron la primera imagen. ¿Qué A/B *testing* se aplica?

7. Resumen

Tradicionalmente, el *marketing* estaba enfocado en ofrecer un producto o servicio, de manera que lo que intentaba es convencer a los consumidores de lo que debían adquirir, pero eso ha ido evolucionando hasta lo que se conoce como *inbound marketing*.

El *inbound marketing*, o *marketing* de atracción, se basa en atraer a nuevos clientes a través del *marketing* de contenidos, es decir, ofreciéndole contenido de interés. Para poder desarrollar esta estrategia de *marketing* es necesario:

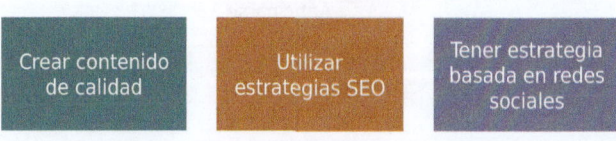

Este tipo de *marketing* permite:

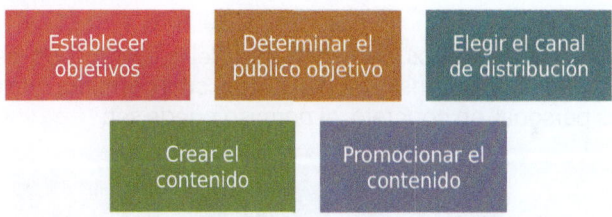

Estos tipos de *marketing* tienen una relación muy estrecha, ya que mediante el *marketing* de contenidos se crea y se publica el contenido para conseguir el *inbound marketing*, que es atraer a los consumidores hacia ese contenido y hacer que se conviertan en *leads* y, posteriormente, en clientes de la marca.

En concreto, las etapas del *inbound marketing* son:

Una estrategia eficiente de *marketing* de permiso se debe contar con las siguientes fases:

Los pilares sobre los que se asienta el *marketing* de permiso son:

Existen diferentes tipos de estrategias del *marketing* de permiso dependiendo de cómo se consiga el permiso, el cual permitirá que esta sea más o menos personal, en concreto, el permiso puede ser:

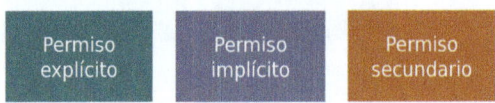

Otra estrategia es el *e-mail marketing,* donde la comunicación empresa-cliente gira en torno al envío de correos electrónicos, de forma que las empresas pueden hacerlo de manera masiva. Hay muchos tipos de *e-mails* que pueden poner en práctica las empresas dentro de su estrategia de *marketing,* entre los principales están:

Por último, es importante que el departamento de *marketing* conozca lo que es el A/B *testing,* que es el proceso mediante el cual se presentan dos versiones de una misma página web a diferentes grupos de visitantes al mismo tiempo, de forma que se permite comparar cuál de las dos opciones genera más conversiones en clientes finales.

En concreto, para llevar a la práctica el A/B *testing* se deben seguir los siguientes pasos:

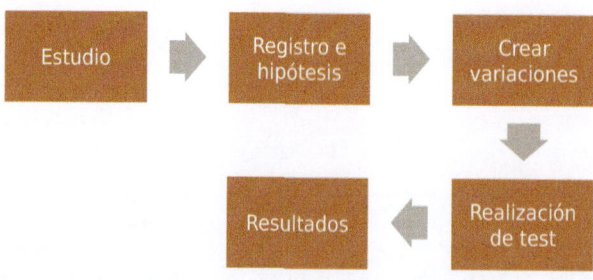

Ejercicios de autoevaluación
Unidad de Aprendizaje 2

1. El *inbound marketing* es...

    a. ... *marketing* de atracción.
    b. ... *marketing* de inducción.
    c. ... *marketing* relacional.
    d. ... *marketing* sin contenidos.

2. ¿Mediante qué canal se puede llevar a la práctica el *inbound marketing?*

    a. Televisión
    b. Radio
    c. Redes sociales
    d. Prensa escrita

3. Determina si la siguiente oración es verdadera o falsa.

"Las redes sociales son fundamentales para que el *inbound marketing* funcione correctamente, ya que se trata en aprovechar las plataformas para compartir contenido y, así, aumentar la presencia de la empresa en internet".

    ■ Verdadero
    ■ Falso

4. ¿Qué permite el *marketing* de contenidos?

    a. Crear contenidos relevantes y útiles.
    b. Reducir la atención de los consumidores.
    c. Aumentar la infidelidad de los clientes.
    d. Reducir la rentabilidad del negocio.

5. ¿En qué consiste el *marketing* de *influencer*?

a. Generar contenido mediante las aportaciones o testimonios de los clientes.
b. En utilizar a usuarios públicos de redes sociales para crear contenido de un producto o de una marca compartiéndolo con sus seguidores.
c. Generar contenido mediante imágenes y vídeos que buscan entretener.
d. Todas las opciones son incorrectas.

6. Determina si la siguiente oración es verdadera o falsa.

"El inbound marketing es un apoyo al marketing de contenidos, ya que este último no podría existir sin el otro tipo de marketing".

- ■ Verdadero
- ■ Falso

7. Ordene adecuadamente las etapas del *inbound marketing*.

- Convertir
- Atraer
- Fidelizar
- Cerrar

8. ¿Cuáles son las fases del *marketing* de permisos?

a. Incentivos, ofertas de productos o servicios y contacto permanente.
b. Atraer, retener y mantener.
c. Atraer, incentivar y permanecer.
d. Localizar, atraer y satisfacer.

9. ¿Cuáles son los permisos del *marketing* de permisos?

a. Implícito
b. Explicito
c. Secundario
d. Todas las opciones son correctas.

10. Determina si la siguiente oración es verdadera o falsa.

"El A/B *testing* pretende comparar qué porcentaje de personas realizan las acciones que se desean en cada uno de los grupos, como, por ejemplo, hacer clic en un determinado enlace, rellenar un formulario, realizar un proceso de compra, etc.".

- Verdadero
- Falso

Glosario

A/B *testing*
Test donde se analizan dos versiones de un determinado elemento, con la finalidad de compararlas y extraer resultados indicando la opción más rentable.

Automatización
Realizar tareas repetitivas de forma sencilla mediante el uso de la tecnología.

Base de datos
Conjunto de datos determinados que se almacenan de forma electrónica. Los datos pueden ser de cualquier tipo, como números, imágenes, palabras, vídeos, documentos, archivos, etc.

Blog
Página web o sitio web personal donde se puede publicar cualquier información que una persona quiera transmitir o comunicar.

CRM
Siglas de *Customer Relationship Management,* cuyo significado es gestión de las relaciones con los clientes.

Crosselling
Tipo de *marketing* que busca que los usuarios compren un producto o servicio complementario al que ya han adquirido.

E-mail marketing
Tipo de *marketing* basado en el envío masivo de correos electrónicos a los contactos que hay en una base de datos.

Fidelizar
Técnica que busca que los clientes de una determinada empresa o marca sigan confiando en ella y mantengan una relación a largo plazo, para ello, se

pueden ofrecen productos con descuentos, regalos, un servicio posventa adecuado, etc.

Globalizado
Se refiere al entorno de integración del comercio electrónico de las economías de todo el mundo, así como a las economías y flujos financieros.

Inbound marketing
Conocido como *marketing* de atracción, consiste en captar nuevos clientes proporcionándoles información que les sea interesante mediante la creación de contenidos.

Influencer
Persona que tiene influencia sobre las demás y es capaz de persuadir a otras personas a través de las redes sociales o canales de comunicación *online*. En concreto, da su opinión sobre un determinado tema o realiza pruebas de productos o servicios.

Infografía
Contenido que consiste en resumir la información que se quiere transmitir de forma visual, simple y concreta.

KPI
Key Performance Indicator. Quiere decir indicador de desempeño, es decir, indicadores que miden los resultados de aplicar determinadas acciones y verificar si se cumplen los objetivos, en concreto, permiten evaluar los resultados de las estrategias de *marketing*.

Lead
Hace referencia a un cliente potencial, es decir, aquella persona, usuario o empresa que tiene un interés en el producto o servicio que se comercializa.

Lifetimevalue
Término utilizado en *marketing* para establecer cuál es el valor que aporta un cliente al negocio durante toda la vida útil del mismo. Este valor se obtiene teniendo en cuenta el gasto medio del cliente, el coste de adquisición y la vida del cliente en la empresa.

Marketing
Conjunto de acciones y técnicas que buscan mejorar la forma de comercializar un producto o servicio, es decir, son aquellos recursos que buscan influir en los consumidores para que adquieran lo que se está vendiendo.

Marketing de contenidos

Tipo de *marketing* que crea contenido de importancia para el público objetivo, publica y distribuye dicha información con la finalidad de atraer nuevos clientes.

Marketing de permiso

Tipo de *marketing* que consiste en solicitar el consentimiento de los consumidores antes de realizar una campaña de *marketing* y enviarle publicidad sobre el producto o servicio a comercializar.

Marketing online

Conjunto de acciones y técnicas encaminadas a promocionar o a publicitar productos o servicios mediante los diferentes canales de internet.

Newsletter

Es un tipo de folleto que se envía por correo electrónico a una lista de individuos interesados o a la base de datos de una empresa para informar sobre noticias de interés, ofertas, artículos nuevos, novedades, etc. Esta comunicación se hace con cierta periodicidad (mensual, anual, semanal, etc.).

Outbound marketing

Estrategia de comunicación adoptada por la empresa donde se muestra lo que ofrece el producto o servicio que se comercializa intentando convencer a los consumidores de que deben adquirirlo.

Pipeline de ventas

Aquellas acciones concretas que hacen los comerciales para transformar una oportunidad en un cliente.

Público objetivo

Se refiere al conjunto de personas que una empresa considera que pueden estar interesadas en adquirir los productos o servicios que ofrece y de convertirse en clientes finales.

ROI

Return of Investment que significa retorno de la inversión, es decir, indicador que se utiliza para medir si una campaña de *marketing* es rentable o no.

Segmentación

Se trata de hacer grupos pequeños de los posibles clientes en función de sus intereses comunes para así dirigir las estrategias de *marketing* de forma más personalizada.

SEO

Search Engine Optimitation, hace referencia al posicionamiento en busca-dores, es decir, consiste en buscar la mejor posición de una página web cuando se busca por palabras.

Software

Programa informático que está formado por el conjunto de componentes necesarios para realizar una serie de tareas concretas, mediante el uso del ordenador.

Up selling

Tipo de *marketing* que busca que los usuarios compren un producto o servi-cio de características similares o superiores al que quieren comprar.

Bibliografía

Monografías

→ BRUNETTA, H.: *CRM, la guía definitiva. Estrategia de gerenciamiento de la relación con los clientes.* Editorial: Pluma Digital, 2016.

> Libro escrito por uno de los consultores internacionales especializado en el *marketing* de relaciones, donde se analiza el valor del CRM en las estrategias de *marketing* de una empresa.

→ FERNANDEZ Otero, M. y NAVARRO Huerga, M. A.: *Sistemas de gestión de relaciones con clientes en las empresas (CRM).* Madrid: Universidad de Alcalá de Henares, 2014.

> Libro que desarrolla de forma exhaustiva lo que aporta el CRM en una empresa.

→ GARCÍA Valcarcel, I.: *CRM. Gestión de la Relación con Los Clientes.* Madrid: Fundación Confemetal, 2001.

> Libro que se adentra en la implementación de la estrategia del CRM en el ámbito empresarial.

→ NARANJO, F. *Conoce los principales beneficios de implantar una estrategia de Inbound Marketing en tu empresa.* Madrid: Observatorio Digital, 2020.

> Libro que desarrolla los principales beneficios de contar con una estrategia en *inbound marketing*.

Textos electrónicos, bases de datos y programas informáticos

→ Qué es el *inbound marketing:* concepto, fases y cómo implementarlo, de: https://blog.hubspot.es/marketing/que-es-inbound-marketing-slide-share

> En este artículo se explica que es el *inbound marketing*, sus fases y cómo ponerlo en práctica en una empresa para mejorar su rendimiento.

→ Qué es un *software* CRM, para qué sirve y características, de:
https://blog.hubspot.es/sales/que-es-un-software-crm
    Artículo en el que se explica que es un CRM, para qué se utiliza y cuáles son
    sus características.